ハイブリッド皮膚科

開業5年で急成長を遂げた次世代クリニックの軌跡

医療法人佑諒会グループ理事長
千里中央花ふさ皮ふ科院長

花房 崇明
Takaaki Hanafusa

クロスメディア・パブリッシング

はじめに
保険診療×美容医療で理想の医療を追求する

私は大阪府豊中市において皮膚科クリニックを経営する皮膚科専門医です。当院が開業したのは２０１７年11月で、「患者さんに信頼され、スタッフがワクワク働き、クリニック自体が成長し、日本社会に貢献する、４方よしのクリニック」を診療理念としています。

皮膚科を標榜するクリニックには、アトピーやニキビ治療などの保険診療をメインにしているクリニックと、シミ取りなどの美容レーザー施術や脱毛などの美容医療（自由診療）を得意とするクリニックがあります。

私が経営するクリニックの一番の特長は、保険診療と美容医療の両方を提供する「ハイブリッド皮膚科」であることです。２０１９年5月にはクリニックを2フロア体制に拡張し、老若男女を問わず、年間延べ5万人以上の患者さんが来院するまでに成長しました。

2021年12月には隣接する吹田市に分院（江坂駅前花ふさ皮ふ科）を開業しています。

医師の中には「美容は医療ではない」「美容分野はよくわからない」と思われる方もいるかもしれません。私のように皮膚科専門医でありながら、保険診療だけでなく美容医療も行っている医師に対して、「お金儲けに走った」とあまりよくないイメージを持たれる方もいるかもしれません。

実は私自身も以前はそうでした。もともと大学病院で皮膚に関する研究論文を発表しながらアトピーなどの保険診療の経験を重ねてきたこともあり、開業当初は美容医療を行うつもりはまったくありませんでした。

そんな私が美容医療を始めるようになった経緯はこの本で詳しく話しますが、美容といっても多汗症や赤ら顔など、保険診療の延長のような治療もあります。アトピーやニキビなど皮膚トラブルを抱える方は医療脱毛をすることで症状が改善することがあり、治療の一環として医療脱毛をおすすめすることもあります。

つまり、保険診療では改善できない施術ができるという点で、皮膚科クリニックが美容医療を取り入れるメリットは大きいと考えています。

また、どのような美容医療においても皮膚に関する専門知識があるからこそ、自信を持って治療ができますし、万が一、レーザー脱毛のあとに火傷などのトラブルがあったときも最後まで責任を持って患者さんの治療にあたることが可能です。

経営的に考えても、ハイブリッド皮膚科なら、美容医療の収益を設備投資やスタッフの昇給・育成、職場環境の改善などに回し、保険診療の患者サービスに還元することもできます。患者さんにとってもクリニックにとってもいいこと尽くしの経営スタイルなのです。

この本を手に取ってくださった皮膚科専門医の勤務医の先生の中には、今後のキャリアに悩んでいる方もいるかもしれません。「開業したらスキルアップができない」「すぐに仕事に飽きてしまうのではないか」と思っている方にこそ、美容医療の分野に挑戦することをおすすめします。

なぜなら、美容医療は保険診療と同様に日進月歩で、国内外で研究が進んでいる分野だからです。いくら勉強しても飽きることはありません。

最近では、専門医資格を取得せずに、医師免許取得後数年で美容医療の分野へ進む医師も多くいますが、だからこそ保険診療の研鑽を積んだ皮膚科専門医が美容医療に踏み出す価値は大きく、患者さんにとってもとても大きなメリットになります。

本書では、私がハイブリッド皮膚科をおすすめする理由を明らかにしながら、皮膚科専門医として無限に広がるキャリアの可能性について考えてみたいと思います。ハイブリッド皮膚科に少しでも興味を持っていただき、皮膚科専門医としてのキャリアを広げてもらえたら、とてもうれしく思います。

医療法人佑諒会グループ理事長
千里中央花ふさ皮ふ科院長
花房崇明

※当院は、同一疾患に対して保険診療と自由診療を組み合わせて提供する混合診療は行っておりません。

ハイブリッド皮膚科　目次

第1章 私がハイブリッド皮膚科をすすめる理由

第3章 医師として技術を磨き、経営者として人材を育てる

第4章

医師キャリアの可能性は無限に広がっている

第5章 ハイブリッド皮膚科は1日にして成らず

第6章

見た目は人生の一部、だからこそベストな治療で期待に応える

第7章

【特別対談】医師から見たハイブリッド皮膚科の魅力

千里中央花ふさ皮ふ科院長 花房崇明×江坂駅前花ふさ皮ふ科院長 大村玲奈

カバーデザイン　齋藤　稔（G-RAM）
本文デザイン　荒　好見
編集協力　藤森優香／森田　剛

1

私が
ハイブリッド皮膚科を
すすめる理由

皮膚科クリニック経営を成功させる第三の選択肢

皮膚科クリニックの多くは、保険診療か美容医療（自由診療）のどちらかのみをメインにしていることが多いと思います。保険診療がメインのクリニックで美容医療を取り入れているところもありますが、シミ取りやホクロやイボの除去だけ、あるいは医療脱毛だけというケースがほとんどではないでしょうか。

一方、私が経営する皮膚科クリニックは、保険診療と美容医療の両方に力を入れています。本書では当院のようなクリニックを「ハイブリッド皮膚科」と呼び、次世代の経営形態として、その魅力を伝えていきたいと考えています。

この章では、まず保険診療、美容医療それぞれの特徴やメリット・デメリットを紹介したうえで、私がなぜハイブリッド皮膚科をすすめるのか、その理由を紹介します。

皮膚科の保険診療のビジネスモデルはファストフード店と同じ

保険診療は私たち日本に住む人にとってなくてはならないものですが、一方で経営者視点で考えると、厳しいものでもあります。なぜなら、京セラの創業者で「経営の神様」と呼ばれた故・稲盛和夫氏は「値決めは経営である」とおっしゃっていますが、その経営の根幹である値決めができないからです。

保険診療は診療報酬制度によって診療行為ごとに単価が決まっています。そのため、経験豊富なベテラン医師が診ても、これからトレーニングを積む研修医が診ても単価は同じです。また、ひとりの患者さんに数時間かけて丁寧に治療をしても、1~2分で治療を終えても単価は同じです。そのため、クリニックの売り上げを上げようと思ったら、より多くの患者さんを診て回転率を上げるしかありません。

「回転率を上げるなんて、ファストフード店じゃないんだから……」と思われるかもしれません。「ファストフード店と違って、1人当たりの単価が安くないんでしょ」という声も聞こえてきそうです。

実は皮膚科の保険診療はあらゆる診療科目の中で最も患者さん1人当たりの平均単価（診療単価）が低いのです。もちろん、処置の種類によっては高いものもありますが、診療単価は3000〜4000円ほどです。患者さんの自己負担割合は原則3割（年齢によって異なる）なので、自己負担額は1000円前後になります。内科であれば、血圧の薬を処方すると生活習慣病管理料が6200円と算定され、診察料や処方料などを合わせると約8000円と皮膚科の倍の診療単価になります。

皮膚科は、アトピー性皮膚炎など肌に何らかのトラブルを抱えている患者さんであれば、定期的に通院することになります。ニキビや水虫、虫刺されができるたびに受診する方もいます。内科に比べて自己負担額が安いこともあり、気軽に受診しやすいイメージがあるのではないでしょうか。

実際、私が開業したときは、宣伝・広告費などをそれほどかけていないにもかかわらず、開業初日の午前中だけで15人ほど、2日目で65人ほどの患者さんが来てくださいました。半年も経たないうちに毎日100人来てくださるようになり、1年も経たないうちに1日200人以上も受診してくださるクリニックになりました。

開業場所として選んだ千里中央エリアは、すでに皮膚科が何院もある地域で、大繁盛は望めないと言われていました。少しずつ開業医としての経験を重ねて、医師としての厚みを増していこうと思っていたのです。そのため、想定外の連日の行列には驚きました。そのあとも、正直に言うと集患に苦労することはありませんでした。

保険診療は丁寧に診ても単価が変わらない

「他科に比べて診療単価が低いとはいえ、そんなに患者さんが来るのなら、さぞ儲かるのでは？」と思われるかもしれません。実は私も勤務医時代に皮膚科開業医に対して同じことを思っていました。しかし、そうはいかないのがクリニック経営の難しいところです。前述した「どれだけ丁寧に診ても単価が同じ」という問題があるからです。

私自身、保険診療のみをしていた開業当初は、患者さんのことを第一に考えて丁寧に診療していれば、すべてうまくいくと考えていました。そこで、各疾患や症状の解説プリントを一枚一枚作り込み、カラープリントして、患者さんに渡して時間をかけて丁寧に説明していました。

患者さんは、診察の際は緊張しているので、自宅に戻る頃には医師から言われたことを忘れてしまうことも多いと思います。そんなときに「あなたの病気はこれで、こういう症状ですよ」とプリントを見て思い出してもらえるように、ほとんどすべての疾患や病状についての印刷物を作っていたのです。

自分で解説動画を作って説明することもあります。薬の塗り方など、動画だとわかりやすいからです。

自分で言うのもおこがましいのですが、皮膚科でここまでしてくれるところは少ないと思います。「この薬を塗っておいて」とあっさり言って終わるところが多い中、当院のミッションである「圧倒的に丁寧な診療」をしていました。しかし、どんなに丁寧に診ても単価は同じなのです。

治療に関しても同様です。たとえば、イボの治療で液体窒素を用いた冷凍凝固療法という治療法がありますが、治療するイボの数が4個以上になると、4個治療しようが100個治療しようが単価は同じ2700円と決まっています。

丁寧に診療していると、クリニックの評判はまたたく間に広がり、府外など遠方から患者さんが来てくださるようになりました。しかし、今度は患者さんから「待ち時間が長過ぎる」とクレームが入るようになってしまったのです。私としては患者さんのためを思って時間をかけて丁寧に診療をしているのに、患者さんからは叱られ、低評価の口コミを書かれ、私もスタッフも徐々に疲弊していくようになります。

それでも患者さんは途切れることなく来てくださるので、診療時間が長くなっていきました。受付時間ギリギリに駆け込んで来られる患者さんも多く、受付終了時刻に10～20人ほど駆け込んでいただくこともありました。

当然、スタッフの帰宅時間は遅くなります。診療終了が夜の10時になることもありました。私は経営者であり、自分で望んで開業して診療方針を決めているので文句は言えませんが、スタッフからしてみると患者さんからは「待ち時間が長い」と叱られ、残業代は出るとはいえ自分の帰宅時間は遅くなり、たまったものではありません。突然出勤しなくなるスタッフ、疲弊して辞めていくスタッフが続出しました。

保険診療だけでは医師も患者も満足度が上がらない

患者さんの回転率を上げる以外に売り上げを上げる方法としては、患者さん1人当たりの単価を上げるしかないわけですが、当然不必要な検査や処置はできません。むしろ腕を上げれば上げるほど皮膚科は見た目で診断が付くため、診断に必要な検査は不要になり、単価が下がります。真摯に必要な治療をしながら保険診療だけでスタッフの給料を上げたり、新しい医療機器を購入するために利益を追求しようと思ったら、患者さん1人当たりにかける時間を短くして、単位時間当たりに診察する患者さんを増やすしかないのです。

その結果、大きな病院の場合、あらゆる診療科の中で最も単価の低い皮膚科は「採算の悪い部門」になるので、患者さんをたくさん診て売り上げを上げなさいという経営本部からのプレッシャーがあります。しかし、医師としては丁寧に患者さんと向き合いたいので、患者さんにかける時間を短くするのにも限界があります。疲れ果てて、大きな病院を退職してしまう皮膚科医が多いのが現状です。私も大学病院で勤務していたときに、経営本部からプレッシャーをかけられて嫌な思いをしました。

もし、保険診療だけで利益を追求する必要がなければ、ゆとりを持って丁寧に患者さんと向き合うことができます。医師もスタッフも患者さんも満足するという理想は、皮膚科の保険診療ではとても難しいのです。そう考えると、美容医療で自分たちの価値に見合った価格を設定し、適切な利益を上げ、保険診療に還元することは誰にとってもメリットの大きい経営手法と言えます。

値決めができない医療経営の難しさ

もうひとつ、保険診療のつらいところは、処置のための備品や薬の値段、電気代やガス代などの光熱費が高騰してもクリニックの判断で単価を上げるわけにはいかないという点です。

本書を執筆中の2022年後半からは、物価高騰の影響で医療用の手袋や薬剤など診療材料費の価格がかなり上がっています。しかし、診療報酬が上がる気配はまったくありません。社会保障費が国の財政を逼迫させている現状では、今後も診療報酬が上がることはないでしょう。

その点、自由診療ならクリニックの判断で単価を決められます。仮に物価が10%上昇した場合、1万円の施術を1000円値上げすれば解決するかもしれません。一方、保険診療は国が単価を決めているため、患者さんから追加でお金をいただくことができないのです。それゆえ、クリニックの利益やスタッフの給料が削られてしまいます。

通常、商品やサービスの価格を決めるときは原価（仕入れ値）を考慮しますが、マーケティングの常識が通用しない、値決めができないところが保険診療を中心とした場合の医療経営の難しいところです。

誰にでも開かれた素晴らしい保険診療

ただ、私は日本の保険診療を否定しているわけではありません。

保険診療のいいところは、患者さんの経済的負担が少なく済むことで、原則3割の窓口負担で、質の高い医療を受けることができます。

さらに、日本の保険診療はフリーアクセスであることも特徴です。健康保険証さえあれば、いつでも自由にどの医療機関でも、公的医療保険を使った質の高い医療を受けることができるのです。海外ではアクセスが制限されており、自由に医療機関を選べない国も多いようです。

こうした日本の保険診療が存在するおかげで、貧富の差にかかわらず、公平に医療へアクセスすることができるのです。日本の保険診療は患者さんにとって素晴らしいシステムです。

医師が抱く美容医療に対するイメージ

医師の多くは美容医療に対して、あまりよい印象を持っていないのではないでしょうか。

私も大学病院勤務時代はもちろん、開業後も美容医療を始める前はそうでした。具体的には次に挙げる3つのイメージを持っている人が多いと思います。

①医療ではない、エステっぽい

医師の中には、「美容は医療らしくない」「エステっぽい」と思っている方もいらっしゃるでしょう。私は皮膚科専門医として、アトピー性皮膚炎など病気の治療だけでなく美容医療も行っています。

当院では美容医療といっても、多くは赤ら顔やニキビ跡などを治療しています。脂漏性角化症、いわゆる老人性のイボの場合、保険診療でも手術や冷凍凝固療法で除去することはできますが、美容医療で炭酸ガスレーザーを使って蒸散させたほうがきれいに取れることも多いです。ニキビ跡の治療は保険診療でできる治療法はほとんどなく、美容医療に頼らざるを得ないのが現状です。

美容医療の知識があれば、あらゆる治療法を患者さんに提案することができます。少しお金はかかっても美容医療でできるだけきれいにしたいのか、お金はかけずに保険適用の範囲で治療したいのか、患者さんに選択していただけるのがハイブリッド皮膚科のよさだと思います。

実際、ニキビやニキビ跡でお悩みの患者さんの中には、「医療機関で治せるのか、それともエステに行けばいいのかよくわからない」という方がたくさんいらっしゃいます。患者さんにとっては、自分の肌トラブルを治したいという願いがあるだけです。複数の選択肢の中から納得のいく治療法を選ぶことは患者さんに与えられた当然の権利です。医師としてはベストな治療法を提案しつつ、治療法がいくつかある場合には多くの選択肢を提示すべきだと思っています。

②楽して儲けている

美容医療に対して、「楽して儲けていそう」というイメージを持っている人もいるでしょう。実際に、「先生はレーザーをちょっと当てているだけで数万円ももらえていいですね」と知り合いに言われることもありますし、初めて脱毛のレーザー機器を導入したときは看護師から「院長はお金儲けに走るんですか?」と反対されました(私の看護師への説明不足が原因です)。

たしかに、美容医療の施術は単価が高く、一度の施術で数十万円かかるメニューもあります。しかし、その分、莫大なランニングコストがかかっています。

まず、美容医療を行うための機器自体が高価で、レーザー機器1台の購入費が1000万〜2000万円、年間保守料が100万円強、さらに修理代が200万円以上かかるものもあります。その機器を扱えるようになるための医師と看護師の研修費も必要ですし、練習する時間も必要です。

レーザー機器は誰でも当てられるわけではなく、施術するためには必ず医師あるいは看護師をひとり配置する必要があり、施術のメニューを増やそうと思ったら、それだけ医師や看護師を雇う必要があります。施術で使用するチップや針は使い捨てで1回1万〜7万円するものもあり、一度練習すればチップ代と人件費がかかります。

もちろん、練習は一度で済まないこともあります。美容専門クリニックの中には研修費や練習時間をあまりかけないところもあるようです。しかし、スタッフとしては、しっかりと機器を扱えるようになったという自信を持ってから患者さんに施術したいと思うはずです。当院ではスタッフが納得いくまで練習してもらえるような体制を整えています。

また、まれにハズレの機器もあります。効果があるのに私が思っていたより患者さんには人気がないなど、こればかりは実際に導入してみないとわかりません。レーザー機器などは精密機器なので経年劣化もありますし、数年ごとにモデルチェンジもします。そのたびに新しいものを導入しなければなりません。

たしかに美容医療は価格設定などによっては収益性が高くなる可能性がありますが、みなさんが思っている以上にコストパフォーマンスが悪いのも事実です。

③やりがいがなさそう、成長が止まりそう

私がまだ医局にいたとき、開業する医師に対する上司など周囲の反応には、「せっかく教授になれるのにもったいない」「開業医なんかどうせ飽きるよ」といったネガティブなものが多くありました。おそらく、美容医療のイメージに関しても同様だと思います。「人の生死に関係のない美容医療なんてやりがいがなさそう」、あるいは「美容分野って勉強したことがないからよくわからない」といった医師が多いと思います。

断言します。美容医療は非常に勉強しがいのある分野で魅力的です。

美容医療はめまぐるしく進化しており、私は学会に出席したり、論文を読んだり、メーカー主催の勉強会に参加したりして日々知識を更新していますが、それでもまだ十分ではありません。

もちろん、アトピーなど保険診療の分野も発症メカニズムの研究が進み、新薬が次々と登場しています。当院でも開業以来ずっと新薬の治験に参加しています。定期的に情報を仕入れなければ、ひと昔前の治療を行うクリニックになってしまうため、知識のアップデートが必要不可欠であることは言うまでもありません。

美容医療は決して飽きることがありません。人々の美意識は時代と共に変わり、ニーズも多様化しているため、可能性が大きく広がっています。

たとえば、男性の脱毛やシミ治療などは、私が開業した5年前は一般的とは言えませんでした。アートメイクも認知度が高くなったのは、ここ1~2年ほどです。これからも人々のニーズに合わせて、次々と新しい治療法が出てくるでしょう。

成長し続けたいと考える向上心のある方にこそ、美容医療の領域に踏み出してほしいと考えています。新しい医学知識が習得でき、好奇心を満たしながら働くことができます。

美容皮膚科が急増している背景

近年、美容皮膚科や美容外科が急増しています。背景には、タレントが美容についてオープンに語るようになり、SNSなどで情報を得やすくなったことなどが影響しているのでしょう。きれいになりたいという欲求に応えるように、医師もYouTubeなどで美容に関する情報発信を行うようになりました。

女性の美意識の高まりと共に、男性も見た目を気にするようになりました。ジェンダーレスな考え方が浸透し、少し前まではテレビのタレントだけが行っていたひげやすね毛の脱毛、シミ治療、たるみ治療などを、一般男性がカジュアルに行っています。こうした施術は特に人前に立つことが多い企業経営者を中心に広がっています（私もやっています）。

さらに、コロナ禍のマスク生活や外出自粛により、顔を隠せたり、人前に出る機会が減ったことで、手術後のダウンタイム（痛みや赤み、腫れなどが回復するまでの期間）を気にする必要がなくなったこと、旅行や飲み会ができずお金を使う機会が減ったことなどを背景に、自分磨きである美容医療にお金を使う流れができてきました。

皮膚科専門医がいる美容クリニックは多くない

美容皮膚科のニーズが増えたことで、医師免許を取得してすぐに美容クリニックに就職する医師が多くなりました。つまり、皮膚科専門医のいない美容クリニックが急増したのです。

おそらく、一般の患者さんの多くは、「皮膚科の先生＝皮膚についての専門的な知識を持っている専門医」と思っているはずです。しかし、実際は皮膚科を標榜するクリニックのうち、皮膚科専門医がいる美容クリニックはそれほど多くありません。

医師は医師免許を取得し、2年間の初期研修を修了すれば、クリニックを開業できます。極端な話、皮膚科での勤務経験が研修医時代のほんの数か月しかなくても、「皮膚科」の看板を掲げて開業することができるのです。中には何が専門なのか判断しかねる医師が「皮膚科医」を名乗っていることも少なくありません。テレビやＹｏｕＴｕｂｅに出ている有名な「皮膚科医」「美容皮膚科医」の先生の中にも、「皮膚科専門医」ではない先生もたくさんいらっしゃいます。

もちろん、専門医の資格を取得していなくても自己研鑽を積んでいる先生はたくさんいらっしゃると思います。ただ、個人的には、私がもし心臓が痛くなったら「循環器内科専門医」のもとへ行きますし、喘息になったら「呼吸器内科専門医」の先生にかかりたいと思います。同じように、レーザー施術を受けるときは皮膚科専門医あるいは形成外科専門医でないと安心できないというのが正直なところです。

皮膚科専門医は5年以上かけて皮膚科専門医研修を受け、年々難化している専門医試験をパスしているため、知識や腕に対する信頼感が違います。美容医療は医学部時代に勉強しない分野だからこそ、皮膚に関する土台の知識を有していることが非常に大切だと考えます。

皮膚科専門医が美容医療を提供する意義は大きい

皮膚科専門医が美容医療を行う意義は大きいと考えています。皮膚科専門医は一般皮膚科の基礎知識があるため、悪性黒色腫や基底細胞がんといった皮膚がんを良性のホクロと誤診し皮膚がんにレーザー照射をしてしまうといった、間違った美容医療を行うリスクを最小限に抑えることができます。

万が一、施術によってトラブルが生じたときも、慌てずに対処できます。なぜ、そうなってしまったのかの理由を説明しながら解決策を提示できるため、患者さんとしても安心です。

美容目的でレーザー治療を行う場合、火傷などトラブルのリスクが常に伴います。シミを薄くする治療も、レーザーを高い出力で照射し過ぎて余計にシミが濃くなってしまうことがあります。施術後にこのようなトラブルが生じても、保険診療の経験がない医師は対処できず、「別の医療機関へ行ってください」と言うことがあるそうです。実際、私のもとには他院で施術をして火傷をしてしまったり、シミが余計に濃くなってしまったり、100万円も払って美容医療のニキビ治療をしても治らなかったという患者さんが訪れます。その患者さんは100万円を払って、ニキビ跡の治療をしていました。ニキビにニキビ跡の治療をしても治るわけがないですよね。

もちろん、皮膚科専門医が治療しても同じようなトラブルが発生することはありますが、皮膚科専門医であれば、最後まで責任を持って自分で適切な処置を行うことができます。

美容医療のみのクリニックで医療脱毛を行う場合、アトピー性皮膚炎や肌トラブルを抱える患者さんは、トラブルに対してリスクを負えないという理由で断られることもあるそうです。皮膚科専門医であれば、たとえアトピーの方であっても、ある程度のリスクを考慮しながら、レーザーの出力を調整して施術することが可能です。ニキビ肌やアトピーの方は脱毛することでひげ剃りやムダ毛の処理をする必要がなくなります。カミソリ負けなどで肌が荒れることがなくなると、症状が軽減することもあるので、当院では脱毛をおすすめすることもあるくらいです。

皮膚科専門医として「なぜこの出力で行うのか」「どの角度からレーザーを照射すれば最も効果的なのか」といった知識を理解したうえで施術を行えるので、より効果の高い施術が可能になります。

最近の美容医療は、「安全だけど効果の低い治療」と「効果は高いけどリスクがある治療」に二極化していると言われます。患者さんのニーズとしては両方あるかと思いますが、「せっかく高いお金を払うのだから、ダウンタイムは極力短く、でも効果を高めたい」という人が多いでしょう。

そういったニーズに対しては、リスクやダウンタイムをしっかりと説明したうえで、「ギリギリを攻める治療」を行うことができます。これは皮膚科専門医の知識と技術がないと難しいでしょう。

美容皮膚科の急増と知識・情報の拡大に伴い、最近は目の肥えた患者さんが増えています。医師の経歴を事前に確認して、専門医資格を取得していることに信頼感を持って来てくださる方もいらっしゃいます。

皮膚科専門医が美容医療もできるようになれば、鬼に金棒です。美容医療の質を高め、「きれいになりたい」と願う患者さんに満足のいく施術を提供するためにも、多くの皮膚科専門医に美容医療に興味を持っていただきたいと思っています。

ハイブリッド皮膚科の4つの魅力

次に、ここまでのまとめとして、ハイブリッド皮膚科の魅力を4つに分けて紹介します。

①患者さんにベストな治療法を提案できる

皮膚科で対応する疾患の治療法は、ひとつとは限りません。保険適用の治療だけできれいになることもあれば、自由診療のほうがより効果的なこともあります。

当院では、自由診療の施術を希望して来院された患者さんに、「まずは保険診療でお薬を処方しますので、1か月後にまた来てください。保険診療で治らなければ自由診療に切り替えましょう」と提案することがあります。「ニキビをきれいに治したい」という患者さんに多いケースです。

もし、保険診療しか行っていなかったら、あるいは自由診療しか行っていなかったら、それだけ提案できる治療法が少なくなってしまうということです。ハイブリッドだからこそ、高額な施術を押し売りすることなく、費用面も含めて患者さんにベストな治療法を提案することができるのです。

また、患者さんはひとつの治療だけで満足することは少なく、「ニキビが治ったから次は脱毛もしたい」「アトピーが治ってきたから、顔のシミが気になるようになった」など、多くの悩みを抱えています。「保険診療でアトピーを治療してもらっている医師が信頼できるので、次は美容医療でシミも治してもらいたい」と頼ってくださる患者さんに対して、お断りすることなく治療できるのはハイブリッド皮膚科ならではのよさです。

②美容専門クリニックに抵抗感のある患者さんを受け入れられる

美容専門クリニックに、どんなイメージをお持ちでしょうか。美しい建物の中できれいな女性スタッフ、あるいはイケメンの医師が優雅に働き、患者さんもきれいな人ばかりと考える人は多いでしょう。

実際に美容専門クリニックのホームページを見ると、高級ホテルのようなラグジュアリーな空間で微笑む美しい女性医師の姿が掲載されています。そうしたところで施術を受ける患者さんは比較的若い人が多いのだと思います。

しかし、男女を問わず、高齢者でもしわやシミを取りたい、きれいになりたいという願望を持っています。そうした方々が抵抗感なく足を運べるのもハイブリッド皮膚科の魅力のひとつです。

当院には、「キラキラした美容専門クリニックには行きにくい」「保険診療で通院していて信頼できるクリニックで美容医療を受けたい」という患者さんがたくさん訪れます。保険診療で信頼しているクリニックで美容医療も受けられるなら、安心して治療を受けることができます。

③医師・看護師が余裕を持って診療できる

保険診療のみのクリニックの場合、前述の通り診療単価が最も低い皮膚科では利益に限界があり、ビジネスモデルが薄利多売になります。そうすると、たくさんの患者さんを診療しなければならないため、医師や看護師が疲弊しがちです。一方、美容医療に特化したクリニックの場合、利益至上主義になりがちで、患者さんに大きな費用負担を強いてしまうケースがあるかもしれません。

その点、ハイブリッド皮膚科であれば、美容医療で利益を上げて、保険診療の患者さんの満足度も高めることができます。「回転率を上げなければいけない」というプレッシャーがないので、医師も看護師も余裕を持って診療にあたることが可能です。クリニックにとっても患者さんにとってもメリットがあるのです。

実際、私も開業当初、保険診療だけを行っていたときは、診察を待っている患者さんの人数のことばかりが気になってしまい、話の長い患者さんがいらっしゃると途中で話を遮ってしまうことがありました。目の前の患者さんに向き合う余裕がなかったのです。

ハイブリッド方式にしてからは、美容医療のほうで看護師が売り上げを立ててくれていると考えると、保険診療の患者さんにより丁寧に対応できるようになりました。

また、スタッフに支払う毎月の給料の心配をしなくてよくなったことも心の余裕につながりました。いつも売り上げの心配ばかりしている経営者と、ニコニコして機嫌がいい経営者と、どちらと一緒に働きたいかといったら、誰もが後者でしょう。

当院の診療理念は、「患者さんに信頼され、スタッフがワクワク働き、クリニック自体が成長し、日本社会に貢献する、4方よしのクリニック」です。ハイブリッド方式を採用しているからこそ、理念に近づくことができていますし、保険診療だけのときよりも働きやすい職場になっているのではないかと自負しています。

④成長の機会が無限に広がっている

前述したように美容医療は学びの多い分野です。保険診療で扱う病気と美容医療の知識の両方をアップデートしながら成長し続けていけることは、ハイブリッド皮膚科の魅力のひとつです。

保険診療のクリニックであれば、私ひとりだけでも診療できますが、美容医療も行おうとすると私以外の医師、看護師の協力が不可欠です。現在、当院は私を含めて非常勤医師8人、看護師15人という体制で運営しています。あらゆる分野に詳しいスタッフが揃っているので、スタッフから学ぶことも多く、刺激的な職場環境になっています。

さまざまな価値観、バックグラウンドを持つスタッフがいるので、日々いろいろな情報やアイデアが飛び交っています。美容医療の新しい知識を仕入れてくれる人もいますし、クリニックの広報・宣伝に関するアイデアを提案してくれる人もいます。中には、「化粧品を開発してみたい」「アートメイクをやってみたい」というスタッフもいて、現在進行形で開発・研修中です。

ハイブリッド方式で、あらゆる世代の患者さんがターゲットであるからこそ、診療内容をフレキシブルに増やしていくことができます。当院で働く医師や看護師は、自分のやりたいことを考えたり、新しい挑戦ができたりすることが大きな魅力だと言っています。これは保険診療だけでは決して叶わないことだと思います。

2

ハイブリッド皮膚科の経営と組織体制

医師・看護師が押さえておきたい経営のキホン

医師や医学生の中には将来的に、クリニックの開業を視野に入れている人も多いと思います。看護師の中にはクリニックで働くことになる人もいるでしょう。本章ではまずクリニックのお金の話に触れながら、勤務医や看護師が想像しにくい治療費の裏側について解説していきます。

クリニックのお金はどのように流れているのか、治療費はどのように設定されているのかを知ることで、院長の意向を踏まえたコミュニケーションを取ることが可能になります。経営者の視点を獲得できれば、組織内で自分のアイデアを通しやすくなるはずです。最低限の知識を押さえておきましょう。

クリニックは、患者さんから治療費をいただくことで収入を得て成り立っています。収入から経費を差し引いたお金がクリニックの利益です。つまり、クリニック経営を継続するためには、診療行為によって得たお金（収入）と、人件費など出ていくお金（経費）のバランスが重要です。

思ったように集患できず運転資金が底をついてしまったり、スタッフを過剰に雇って人件費が経営を圧迫したりすれば、経営悪化を招く恐れがあります。たとえ、はじめは多くのスタッフを雇わず自分ひとりで診療を開始したとしても、院長自身がコロナなどの病気になって休診すれば、その間の収入は得られません。

開業にあたっては顧問税理士と契約する方がほとんどだと思います。しかし、「税理士にすべて任せておけば大丈夫」と考えるのは早計です。経営者である院長がクリニック経営について勉強しておかなければ痛い思いをすることになります。詳しくは第5章で触れますが、私自身、開業してから今日まで自分の勉強不足により何度も苦渋をなめてきました。

繰り返しになりますが、現在は開業を考えていなかったとしても医師や看護師が経営の勉強をすることには大きな意味があり、仕事の質や業績が変わることがあります。大きな組織では自分の給料にすぐに直結することはないかもしれませんが、今後の自分のキャリアを考えるうえでも役に立つでしょう。

開業は最小限の設備で3000万円から

医師免許を取得し、2年間の初期研修を終えれば誰でもクリニックを開業することができます。皮膚科であれば最小限の設備でスタートしたとしても3000万～4000万円の初期費用がかかります。2022年からは物価や人件費が高騰しており、今後はより多くの開業資金が必要になる可能性があります。

初期費用で大きなものは、開業コンサルタントの依頼費用、宣伝・広告費、医療機器や事務機器などの設備投資費、スタッフの採用費などですが、そのほかにも賃貸物件の敷金・保証金や内装工事費などがかかります。

①開業コンサルタントの依頼費用

開業には多種多様な手続きがあり、すべてを医師ひとりで行うのは現実的ではありません。開業する医師の多くは、コンサルティング会社や税理士事務所、医療機器メーカーなどから紹介されるクリニック専門の開業コンサルタントに依頼することになります。

開業コンサルタントに依頼する場合は、開業支援にかかわる費用が１００万円程度はかかります。

②宣伝・広告費

インターネットやＳＮＳでのプロモーション、最寄り駅などでの各種看板、電車やバスなどの交通広告、地元タウン誌への広告出稿などの費用です。広告代理店やＰＲ会社にプロモーションを依頼することもあります。

③設備投資費

開業には多額の設備投資が必要になります。設備投資には、賃貸物件の敷金や保証金、あるいは土地・建物の取得費、内装工事費、医療機器・事務機器の購入費などが含まれます。

導入する医療機器によって提供する医療の範囲が決まります。設備投資が大きいほど、開業後の売り上げも上がるかもしれませんが、その分経費が増え、損益分岐点が上がります。医療機器は金額が大きいため、受診患者数が予想よりも少ないと開業後、短期間で資金ショートする原因のひとつになります。

とはいえ、皮膚科の場合は、CTやMRIなどの大型な検査機器がなくても、顕微鏡や滅菌器、電子カルテなどの医事システムがあれば開業できるため、設備投資費は最小限に抑えることが可能です。当院の場合、開業時は顕微鏡に加えてアトピー性皮膚炎などの治療に使うための紫外線治療器で十分でしたが、美容医療などでホクロやイボの除去に使用する炭酸ガスレーザーも導入しました。紫外線治療器や炭酸ガスレーザーを導入せず、顕微鏡だけだったら初期費用3000万〜4000万円ほどで開業できたと思います。

当院では、開業して1年ほど経ってからハイブリッドに移行することを決めました。患者さんのニーズにより多く応えるため、多額の設備投資を行うようになったのはこの頃からです。

④スタッフ採用費

クリニックは医師ひとりで回せるものではありません。一緒に働く看護師、医療事務などスタッフが必要になります。スタッフを募集するために、インターネットの求人サイトや新聞の折り込みチラシ、医療専門の求人サイト（成功報酬として紹介料がかかることもあります）や求人誌へ広告を掲載します。応募があれば面接を行うことになり、そこにも経営者の労力がかかってきます。

また、採用したスタッフに対する研修も必要です。クリニックの理念の共有、接遇マナーの習得、院内設備の把握や機器の取り扱い、業務プロセスの確認など、開業前に準備やシミュレーションを綿密に行ったうえで、実際の業務をスタートします。

経営に必要な「ヒト」「モノ」「カネ」の中でも、一番重要で、一番難しく、経営者としての手腕を問われるのは「ヒト」です。

毎月かかる固定費と変動費

出費に関しては、固定費と変動費に分かれます。

固定費とは、毎月固定で発生する費用のことで、常勤スタッフの給料や院長（自分）の報酬、家賃、税理士への支払い、ホームページのサーバーレンタル費用、管理保守料、医療機器のリース費用などです。固定費が増える要素としては、スタッフの増員、新たに医療機器を導入したことによるリース費用の増加、テナント拡大による家賃の増加などが考えられます。

変動費とは、パートスタッフの給料や水道光熱費、検査の委託費用や薬剤・診療材料などの費用のことで、患者さんの数が増えればその分だけ増加することになります。

固定費も変動費も、診療日数（診療時間）に比例して増加します。診療日数が増えればそれだけ人件費がかかりますし、患者さんの数も増えるからです。

美容医療で幅広い施術を行う場合は看護師の数がより多く必要になりますし、機器のリース費用、保守料や修理費なども高額になります。美容医療には「濡れ手で粟」のイメージを持つ人もいるかもしれませんが、固定費として出ていくお金もかなり高額になってきます。診療行為で得られる収入は保険診療だけのときより大きくなりますが、経費も増え、そのすべてが利益になるわけではありません。

意外と知らない治療費の裏側

開業後の収入は、「患者数×診療単価」で決まります。当然ですが、いくら美容医療で診療単価を高く設定しても患者さんが来なければ赤字になりますし、マーケティングに力を入れて患者さんがたくさんいらっしゃったとしても、診療単価が低ければ大きな収入は望めません。

患者数に関しては、一般的な保険診療を提供している内科クリニックの場合、1日40人程度が黒字化の目安と言われています（あくまで平均値です）。一般皮膚科は診療単価が低いため、もう少し多めの患者数（1日60〜80人）を目指したほうがいいでしょう。ただ、集患に関しては、競合が多く、立ち上がりが遅い内科などと比べて、皮膚科はそこまで苦労することはないかもしれません。

治療費に関しては、保険診療と美容医療（自由診療）で大きく変わってきます。それぞれに分けて解説します。

①保険診療の場合

保険診療の対価として医療機関が受け取る報酬を「診療報酬」と言います。診療報酬は、診療報酬点数表によって全国一律で単価が設定されており、1点当たり10円です。

たとえば、創傷処置は100㎠以上500㎠未満で60点＝600円、皮膚科軟膏処置は同じ100㎠以上500㎠未満でも55点＝550円になっています。同じ皮膚科の保険診療であっても、傷の処置や爪切りなどは単価が低く、皮膚・皮下腫瘍摘出術などの手術は単価が高く設定されているのです。

皮膚科は、あらゆる診療科の中でも患者さんの単価が最も低くなっています。

近畿厚生局「令和4年度大阪府内の保険医療機関等の診療科別平均点数一覧表」によれば、クリニックの診療科別レセプト1件当たりの平均点数は、図表2－1のようになっています。外科の1760点が最も高く、皮膚科は672点で最下位。内科の1234点と比べても約半分になっています。

図表2－1　診療科別平均点数一覧表（大阪府内のクリニック）

内科	1,234点
精神・神経科	1,278点
小児科	1,311点
外科	1,760点
整形外科	1,351点
皮膚科	672点
泌尿器科	1,134点
産婦人科	1,246点
眼科	928点
耳鼻咽喉科	901点

※内科は人工透析、在宅医療を行っていないクリニック

出典：近畿厚生局「令和4年度大阪府内の保険医療機関等の診療科別平均点数一覧表」

診療報酬は原則2年に一度改定されます。経済動向などを踏まえて見直されることになりますが、増え続ける社会保障費に対して、昨今は医療費を抑制する必要性が指摘されていますので、今後も診療報酬が大幅にアップすることは考えにくいでしょう。

当然ながら、物価や最低時給が高騰したとしてもクリニックの一存で患者さんからいただく診療報酬、つまり単価を上げることはできません。日本の医療保険制度は国民の健康を守るための優れた制度ではありますが、保険診療で利益を追求するにはどうしても限界があるのです。

②美容医療の場合

美容医療は、自由診療であるため、診療サービスの価格を自由に決めることができます。たとえば、超音波を照射することでリフトアップ効果が期待できる施術「ＨＩＦＵ（ハイフ）」は、安価な機器を導入して1回2万～3万円で受けられるクリニックもあれば、最新の高性能な機器を使用するため20万～30万円ほどするクリニックもあります。「モニター価格」や「キャンペーン価格」などと謳い、初回料金を安く設定しているクリニックもあります。

美容医療に参入するクリニックが増加傾向にある中、価格競争が激しくなり、価格が下がっている施術もあります。

医療脱毛などはその典型で、全身脱毛は20年前は１００万円ほどかかりましたが、現在は10万～15万円ほどで受けられるクリニックもあります。価格重視の患者さんが増えると、クリニックとしてはそれに見合ったサービスを提供するしかありません。質の低下を招く要因になりますが、安さを求める方がいなくなることはないでしょう。

そのような状況下で、当院のような大手ではない小さなクリニックが今後の生き残り戦略をどのように描くかは、よくよく考えていく必要があります。

価格設定の差はどうして生まれるのか

美容医療での価格設定の差はなぜ生じるのか。患者さんは疑問に思うかもしれません。一般的にモノやサービスの価格は、「原価」と「付加価値」で決定すると言われています。「原価」と「付加価値」の視点から価格の差について説明します。

美容医療の「原価」とは、機器の購入費やレンタル費用、毎回取り替えるチップなど消耗品にかかる費用のことです。同じ名前の施術であっても、原価が高い機器を使用している場合は施術費用が高額になり、安い機器の場合は施術費用も安価になります。

大手の美容専門クリニックは、スケールメリットとして大量に機器を購入して安く仕入れることができるかもしれません。その場合は、施術費用を安く設定することが原理的には可能です。

原価は「サービスを提供するためのお金」なので、人件費も含まれます。その治療を施すためのトレーニングをしっかりと積んだ医師や看護師などの有資格者が時間をかけて丁寧に施術すれば、人件費は高くなります。また、当院のように、効果をしっかり出すためにレーザーのショット数などを他院の1・5~2倍に増やして丁寧に施術するとその分、消耗品、人件費などの経費が増えます。医療機器なら医師や看護師が施術を行わなければなりませんが、エステ機器なら無資格でも施術可能であり、人件費が抑えられる分、安価に提供できます。

価格を決めるもうひとつの要素は「付加価値」です。付加価値とは、提供したサービス以外の部分に価値や感動を感じてもらうことで、どのようなことに価値を感じるかは人それぞれ違います。ラグジュアリーな空間で時間をかけて丁寧にサービスを受けたい人もいれば、テレビに出演している有名な医師に治療してもらいたい人もいるかもしれません。

それなりに効果を感じられるなら価格重視で、安ければ安いほうがよいという人もいるかもしれません。一方で、信頼感、効果を重視する人もいるかもしれません。「どれがいい」という話ではなく、いろいろなニーズがあって当然だと思います。

価格設定に見合った技術とサービス内容

当院の場合は、症例経験が豊富で、長年大学病院などで研鑽を積んだ複数の皮膚科専門医がチームを組み、それぞれの患者さんに合わせて丁寧に治療方針を決め、時間をかけてトレーニングを積んだ看護師が美容医療の施術を行います。その結果として、安心していただき、しっかりと効果を実感できることに付加価値を感じていただきたいと思っています。

シミ治療などの美容医療も当然、医療行為であり、治療する医師の知識や技術はとても大切で、皮膚科専門医としての知識と一定以上のスキルを有していることは必須であると考えています。

たとえば、シミの治療の場合、日焼けすると肌が黒くなるタイプの人はレーザーを当てると炎症後色素沈着といって、火傷の跡のようにシミがさらに濃くなってしまうことがあります。反対に、日焼けすると肌が赤くなるタイプの人はレーザーの効果が得られやすかったりします。また、シミの一種である「肝斑《かんぱん》」はレーザーを当てると悪化することもあります。

実際の施術では、患部のシミの状態を見て肝斑かどうか診断したり、その患者さんの皮膚タイプやシミができた原因などを見定めながら、レーザーの出力を細かく調整します。

そこにはやはり経験や技術が必要で、誰にでもできるものではないのです。

保険診療のクリニックをラグジュアリーにできない理由

前述したように保険診療の場合、経験や技術で付加価値を上げても単価は上げることができません。つまり、経営視点で考えると、「付加価値を上げる必要がない」「予算が決まっているため上げることができない」ということになってしまいます。

以前、当院では、「患者サービスとしてＷｉ－Ｆｉを設置しよう」というアイデアが出ました。Ｗｉ－Ｆｉ設置には費用がかかるため、その分は美容医療の収入から充当することになります。当院は2階で保険診療、3階で美容医療の治療を行っているため、私は「まずは3階に設置してはどうか」と提案しました。Wi－Fi設置の費用をいただくことになるのは、美容医療の患者さんだからです。

ところが、スタッフからは「保険診療の患者さんをないがしろにするつもりですか」と言われてしまいました。看護師からすると、保険診療であれ美容医療であれ、同じ患者さんであることに変わりはないはずなのに、美容医療の患者さんだけWi－Fiを使えるのは不公平で、むしろ、保険診療の患者さんのほうが待ち時間が長いのだから、2階にこそ設置すべきというのです。

これはとても難しい問題で、スタッフの理屈もよくわかります。ただ、経営視点で考えると、保険診療の患者さんにお金をかけてサービスの質を高めたとしても、その分の利益は望めないのです。患者さんのことを思えば、保険診療でも美容医療でもWi－Fiも設置したいし、無料のドリンクサービスも提供したい気持ちはあります。しかし、診療報酬制度で単価が決まっている以上、治療以外の過度なサービスを提供するわけにはいかないのです。

結局、2階も3階もＷｉ－Ｆｉを設置することにしました。これは、美容医療で適正な利益を上げているからこそ可能なことで、保険診療だけならそんな余裕はありません。保険診療の患者さんに対して、より質の高い患者サービスを提供できるのも、ハイブリッド皮膚科のメリットのひとつです。

経営は値決め、付加価値が重要

京セラの創業者で、「経営の神様」と呼ばれた故・稲盛和夫氏は「値決めは経営である」という名言を残しました。値決めは会社経営の根幹を支える重要な要素になります。収入に対する利益の割合を計算して、どれくらいの利益があればスタッフに給料として還元できるのかを考えて、価格を決めていく必要があります。

美容医療は自由に価格を決められますが、当院の近隣でも美容専門クリニックが乱立する中で差別化しにくいというのも事実です。

当院は、医師や看護師の技術、信頼感で差別化し、付加価値を感じていただくしかないと思っています。たとえ、大手の美容専門クリニックより施術の価格が高くても、患者さんが安心して通うことができ、期待以上の効果を実感でき、信頼していただけたら、きっと患者さんに満足していただけるはずです。

保険診療であれ美容医療であれ、患者さんに価値を感じていただけるように、医師はたゆまぬ努力を続ける必要があります。

ハイブリッド皮膚科を始めるために必要な準備

医師1人で患者さんを1日100人ほど診ている皮膚科クリニックの場合、看護師は1〜2人、医療事務は3人くらいというところが多いのではないでしょうか。保険診療だけでなく、美容医療も提供している当院では、図表2-2に挙げた人員体制になっています。

美容医療では、処置室1室当たり看護師1人が必要です。当院のように処置室が7室ある場合、7人ということになりますが、看護師1人ではできない施術もあり、1部屋に2人配置することもあります。そのほかにもカウンセリングなどを行うスタッフも必要です。

当院は医療モールの2階（55坪）と3階（45坪）に入居しています。もともとは3階で保険診療をしていましたが、美容医療を始めるにあたって、新たに2階を借りて、手狭になっていた保険診療を2階に移し、3階で美容医療を始めました。3階はもともと40坪で、最近5坪拡張しました。

もし、皮膚科の保険診療を行っているクリニックがハイブリッドにしようと思ったら、診療スペースの確保が課題になってきます。当院は同じビル内の拡張であったため保健所の許可が下りましたが（拡張する理由や2階と3階の動線、一体性を担保するオペレーションを説明した書類を提出しました）、許可が下りないこともあるようです。広い診療スペースを求めて移転する場合も、保健所との事前の相談も含めて十分な検討が必要です。

また、ゼロから美容医療を始めるよりも、保険診療が軌道に乗ってからハイブリッドにしたほうが美容医療の患者さんが集まりやすいかもしれません。当院の分院は開業当初からハイブリッドでスタートしましたが、美容医療の集患に苦戦しました。やはり、保険診療の信頼感は大きく、既存の保険診療の患者さんがいると最初はアドバンテージがあります。

美容医療の施術メニューは、定番の医療脱毛とシミ取りから導入しました。複数の保険診療の患者さんから「脱毛はできませんか」「シミは取れませんか」と聞かれることがあったため、ニーズがあると考えたからです。美容医療で使用するレーザー機器などはどれも高額で1台2000万円する機種もあります。当院では図表2－3の機器を導入しています。

レーザー機器の導入にあたっては、まずレーザーを当てる技術を持った看護師を新たに採用しました。その看護師の指導のもと、看護師たちが練習に練習を重ねました。レーザー機器で使用する使い捨てのチップや針の中には1本1万～2万円ほど、高いものでは6万～7万円するものも含まれます。機器によっては十分に使いこなせるようになるまで3か月～半年はかかるものもあるため、練習だけでかなりの費用負担が発生します。

また、「美容皮膚科で勤務歴のある看護師」といったようにスキルだけで採用してはいけません。私もスキル重視で採用し失敗したことがあります。もちろん、その看護師は当院の看護師たちの指導に尽力してくれたので非常に感謝していますが、陰では当時人間的に未熟だった院長の私に対する文句や悪口を言い、1年ほどで退職していきました。現在の

図表２－２　千里中央花ふさ皮ふ科の人員体制

事務長	１人
医療事務	13人（常勤９人、パート４人）
看護師	15人（常勤９人、パート６人）
看護助手	２人（パート２人）
総務部	3人（パート2人）

※その他、非常勤の皮膚科医師、形成外科医師が数名在籍（2023年1月現在）

図表２－３　千里中央花ふさ皮ふ科で導入している機器

・医療脱毛レーザー4台
・ピコ秒レーザー（シミ・ニキビ跡・そばかす）
・BBL（シミ・ニキビ跡・そばかす）
・ダイレーザー（赤ら顔・血管腫）
・ミラドライ（多汗症・腋臭症）
・HIFU（たるみ・リフトアップ）
・炭酸ガスレーザー（イボ・ホクロ・ニキビ跡・毛穴）
・エレクトロポレーション（肌質改善）
・Qスイッチルビーレーザー（シミ）
・ポテンツァ（ニキビ跡・毛穴・肝斑・赤ら顔・小じわ）
・ダーマペン4（ニキビ跡・毛穴）

当院ではスキルがあるだけで採用するのではなく、理念に共感してくれた人を採用しています。

ハイブリッド皮膚科の経営収支

当院の経営収支を見ると、保険診療より美容医療のほうが収益が伸びていることは間違いありません。保険診療は1日に診察する患者数に上限を設けているため、売り上げはほぼ一定で、すでに美容医療が経営の要になっています。クリニックの経営収支が改善していることからも、ハイブリッドにしたことは正解だったと言えます。

当院では2023年1月現在、1日200〜250人の患者さんに来ていただいていますが、当院の規模になると保険診療だけだったら350〜400人は来ていただかないと採算が取れません。保険診療と美容医療では診療単価が違うため、必要な患者数にかなりの差が出てきます。

低い単価の患者さんを無理してより多く診ようとすると、サービスの質の低下やスタッフの過重労働を招きます。診療単価の高い美容医療を丁寧に提供しているからこそ、保険診療の患者さんに質の高いサービスを提供しながら、患者満足度、職員満足度を高めることが可能なのです。ハイブリッドにしたおかげで、余裕を持ってクリニックの運営ができるようになりました。

もちろん美容医療に対応できるスタッフを確保したことで、人件費は上がっています。開業当初、5人で回していた医療事務は、現在は13人雇用しており、医療事務の人件費だけでも3〜4倍ほどになりました。

勤務医を雇用したことで、医師の人件費も増えています。医師の時給は地域にもよりますが、1万〜1万5000円が相場です。1日雇用するだけで10万円前後はかかります。ただ、医師は生産性が高いため、必要な患者数を確保できれば、売り上げは上がります。スタッフが増え、人件費が上がっても、その分収入が増え、経営収支は向上しています。

将来的にクリニックの運営体制をもっと拡大していくためには、当院の診療理念に共感し、私と同じ気持ちを持って保険診療と美容医療をバランスよく提供できるスタッフが不可欠です。これからも多くの仲間と共にハイブリッド皮膚科を発展させていきたいと考えています。

3

医師として技術を磨き、経営者として人材を育てる

患者さんは皮膚科クリニックに何を期待しているのか

患者さんに価値を感じていただき、クリニックに通っていただくためには、医師・看護師の技術の向上が欠かせません。提供しているサービスが医療である以上、診断や検査内容、治療方針、治療結果に価値を感じていただかなければ、患者さんの信頼は得られません。

では、患者さんは皮膚科クリニックのどのような部分に価値を感じるのでしょうか。図表3－1のような項目が挙げられると思います。

項目には待ち時間やクリニックの外観に関するものもありますが、やはり医師の診療技術や対応力に関するものも重要です。そのため、医師や看護師、医療事務、カウンセラーが日々診療技術を磨き、知識をアップデートしていくことが大切です。専門的な知識を

図表3−1　患者さんが皮膚科クリニックに期待すること

・待ち時間が短い
・クリニックの外観・待合室がきれい
・医療事務や看護師の対応がよい
・医師の容姿がよく、清潔感がある
・医師に経験やスキルがある（大学病院や総合病院での勤務経験が長い、皮膚科専門医の資格を持っている、診療技術に信頼が持てる、など）
・症状や治療についてわかりやすく説明してくれる
・目的に合わせた的確な治療法を提案してくれる
・治療後、トラブルが生じたときでも適切に対処してくれる

持っていれば、患者さんからどんなことを聞かれても自信を持って答えることができます。

とはいえ、現代医学ではまだわかっていないことが多いのも事実です。私は大学病院に勤務していたときに、原因不明の病を抱えた重症の患者さん、有効な治療法のない患者さんをたくさん診てきました。そんな中で、研修医の頃はわからないことがあると、「知らないのは自分だけかな」「もっと勉強しないといけないな」と思うことがありましたが、一方で指導医の先生や教授ですら診断がつかない病気、治療法がわからない病気もたくさんありました。

開業したあとも勉強して自分の知識に自信があれば、「あなたの症状は現代医学では原因がわかっていません」と説明することができます。しかし、知識に自信がないと、「もしかしたらほかの皮膚科医ならわかるかもしれない」と考えてしまいます。

患者さんにどんなことを聞かれても自信を持って答えることができて、「現在の医療ではこの治療法が最善です」と言えるレベルに達しておくことは、患者さんとの信頼関係を築くうえで最低限必要なことだと思っています。

保険診療の知識があるからこそ、質の高い美容医療を提供できる

当院の場合、保険診療の適応がある病気については、保険診療でできる治療法を第一選択肢としています。そのうえで、「費用が高くなってもいいから、最善の治療法を選択したい」という患者さんのニーズに合わせて、自由診療で対応するようにしています。

はじめから自由診療の治療を希望して来た患者さんに対しても、患者さんの金銭的負担が大きい自由診療ではなく、まずは保険診療で出せる塗り薬や飲み薬を処方したほうが有効だと判断すれば、そのように提案しています。

患者さんからも、「保険診療でも治るのか、それとも保険が利かない自由診療でないと治らないのか判断がつかないから、両方の治療から最適な治療を提案してもらえる花ふさ皮ふ科は助かる」という声をいただくことがあります。患者さんの症状に合わせて、あらゆる治療法を提案できることがハイブリッド皮膚科の強みであり、患者満足度の向上につ

ながっているのです。

美容施術のレーザーを当てた場合、機器の出力や皮膚の状態によって火傷を負ってしまったり、レーザーを当てたあとにステロイド薬を塗ることで、皮膚トラブルが起きてしまうことがまれに起こります。しかし、万が一そうなったときも、皮膚科専門医としての一般的な保険診療の知識があれば、原因と今後の治療方針についてロジカルに説明し、適切に対応できます。

また、皮膚科専門医のいない、一般的な皮膚科の知識を持たない医師の美容専門クリニックの場合、日焼けした患者さん、アトピーの患者さんなど、リスクのある施術を一切断っているケースがありますが、皮膚科専門医がいれば皮膚がどのような状態になっているかを判断して、自信を持って施術することができます。

保険診療の知識を有していることを前提に、美容医療の経験を積み重ねていくと、患者さんの幅広いニーズに対応し、質の高い医療を提供できるようになります。

一方、「皮膚科専門医の資格もあるし、大学病院で重症の患者さんも診てきた経験があるから、これ以上学ぶ必要はない」と考えるのは早計です。

アトピーに対しては新しい治療薬がどんどん開発されていますし、ニキビやニキビ跡の治療薬は日本製だけでなく海外の製品にも有効なものがあります。日々最新の研究に目を向け、エビデンスがある、信頼できると判断すれば積極的に治療に取り入れる必要があります。

私は大学病院で長く働いていたことから、「時代遅れの古い治療をしたくない」というプライドが根底にありますが、患者さんの立場から考えてみても、ひと昔前の薬を出すクリニックより最先端の研究結果から開発された薬を処方してくれるクリニックを選択するのは当然です。

皮膚科の場合は大きな病院でも外来診療がメインになるので、当院は入院診療以外の一般的な皮膚科診療において大学病院と変わらない診療レベルをキープできていると自負しています。

皮膚科医が知識をアップデートしなければならない理由のひとつとして、皮膚から重篤な病気が見つかる可能性があるという点も挙げられます。一般の人は皮膚科は命に関わる重篤な患者さんは診ないというイメージがあるかもしれませんが、中には皮膚の症状から内臓の病気やがんなど重篤な疾患が見つかることもあるため、気の抜けない診療科です。

腕がいいだけでは開業医として成功しない

ここまで、皮膚科医が日々スキルアップに取り組む大切さについて述べてきました。では、腕が確かならほかの能力は不要かというと、もちろんそうではありません。医療サービスの提供者として、患者さんに対する誠実性、傾聴力、スタッフと良好な関係を築ける人間性、経営者であれば経営スキルが必要になってきます。

皮膚科医の中には、皮膚科専門医の資格を持っている医師もいれば、そうでない医師もいます。皮膚科クリニックのうち、皮膚科専門医のいるクリニックは多くはないと言われていますが、専門医資格を取得していなくても皮膚科医としてキャリアを築いていくことはできますし、経営スキルがあれば開業医として成功するかもしれません。

一方、皮膚科専門医の資格を持ち、確かな腕があれば、開業医として成功できるかというと、そうとは限りません。やはり、組織のリーダーとしてスタッフを束ねるにはリーダーシップやマネジメント能力は欠かせませんし、集患のためには情報発信力、マーケティング能力、プロモーションスキル、イノベーティング能力などが必要になってきます。開業医には、診療技術だけでなく経営スキルも必要なのです。

皮膚科は海外では人気の高い診療科

少し余談になりますが、海外の医大生にとって皮膚科医は憧れの職業だそうです。日本では、皮膚科というと「人の生死に関係のないマイナーで地味な診療科」というイメージを持つ人も多いかもしれませんが、アメリカの皮膚科専門医は日本とは比較にならないくらいステータスが高く、収入も安定しています。

というのも、アメリカでは皮膚科専門医のカリキュラムに登録できる定員が限られており、成績上位でないと専門医の勉強すらできない状況があるからです。

収入面でも日本と大きな差があります。経済誌・フォーブスが発表した専門別・医者の平均年収ランキングによると、第1位が循環器科医（心臓外科）、第2位が整形外科医、第3位消化器科医、第4位泌尿器科医に続き、皮膚科医は第5位。一方、日本ではランキングTOP15位にも入っていないという結果となっています。

国際的に見ると皮膚科医のステータスは非常に高いと言えます。もし、あなたがこれから診療科を選ぼうと思っている研修医や医学生で、「海外の学会でどんどん発表していきたい」「世界を舞台に働きたい」という思いがあるなら、皮膚科医をおすすめします。

優れた指導者との出会いが成長の近道

ここからは、皮膚科医が知識やスキルをアップデートするためにどのような方法があるのかを具体的に説明していきます。

保険診療の場合は、大学病院や総合病院のカンファレンス、製薬会社が主催する勉強会に参加することが挙げられます。私の場合、非常勤講師をしている大学病院や母校の大学病院のカンファレンスに開業したあとも2~3か月に1度は参加するようにしています。

半年以上空いてしまうと億劫になってしまいますし、新しい治療法などの話についていけなくなることがあるので、できるだけ参加するようにしています。

開業医の先生で大学病院や総合病院のカンファレンスに参加している人はほとんどいないと思います。開業医が想像以上に忙しいことは身をもって実感しているため、それも仕方がないと思いますが、私は患者さんやスタッフに最先端の診療・知識を提供したいため、頑張って出席しています。

美容医療の場合も基本は同じです。一般的に学会で勉強するほか美容機器メーカーが主催するセミナーに参加したり、美容医療の教科書を読んで、知識を身に付けていきます。ただ、美容医療の場合は、保険診療と違って勉強する場所が限定されます。なぜなら、医師同士が手の内を明かしたがらず、知識を教え合う風土が少ないからです。

これは、美容医療に関する知識の差が他院との差別化につながりクリニックの収益に直結するため、仕方がないことだと思います。学会などに参加してほかの医師と話をしても、そのクリニックでどのように美容医療を行っているかについての詳細は教えてくれません。

保険診療に関する学会であれば、「どういった症状のときにどのような治療をした」ということが積極的にシェアされます。保険診療を得意とする皮膚科医が美容医療になかなか踏み出せないのは、おそらく「勉強したくても方法がよくわからない」「学ぶ場がない」という理由もあるのだと思います。

では、美容医療をどのように勉強すればいいかというと、保険診療の知識を有し美容医療の経験が豊富な医師に教えてもらうことが一番だと思います。私は大阪大学医学部時代の同級生で、大手美容皮膚科クリニックの勤務経験がある友人に、いまでも教えてもらうこともあります。その友人に当院まで来てもらい、ほかの医師や看護師を対象に院内研修をしてもらうのです。

物事を学ぶうえでは、優れた指導者を持つことが何よりも大切です。信頼のおける先生と、「この症状の場合、レーザーの出力はどうするべきか」「どのようなスケジュールで施術を進めるべきか」などと議論を重ねながら知識をアップデートしていくことは大きな成長につながります。

もし、本書を読んでいただいている医師の先生で美容医療の勉強をしながら働きたいという方がいらっしゃれば、ぜひ当院までご連絡ください。向上心のある医師と知識を共有しながら、共に成長していきたいと思っています。

当院では、医師、看護師だけでなく医療事務も、院内外の勉強会に積極的に参加してもらうことでスキルアップできる環境を整えています。自分が成長しているという実感は仕事のモチベーションにつながりますし、医師・看護師のスキルが上がればクリニック全体の価値が高まります。

私は働いてくれているすべてのスタッフのお手本になるためにも自分自身が日々成長していく必要性を感じています。自分が勉強して得た知識をスタッフにシェアすることで診療レベルを上げ、患者さんに還元していきたいと思っています。

スタッフが成長できる仕組みづくり

当院では、スタッフの育成に力を入れています。業務マニュアルを活用した院内研修が中心となりますが、外部講師を招いて接遇研修をしたり、セミナーの参加費を補助したり、資格・スキル手当を設けたりして、スタッフの成長と働く環境の整備に努めています。当院で実施している人材育成の施策を紹介します。

①業務マニュアルを活用した院内研修

私が作成した看護師・医療事務共通の業務マニュアルがあり、新たに入職したスタッフには、それをもとに学んでもらいます。新人一人ひとりに教育係が付き、丁寧に教育しています。業務マニュアルでは皮膚科診療や日々のオペレーションに必要な知識・情報を約100ページにわたって解説しています。

たとえば、当院の医療事務は、カルテ入力補助をしてくれていて、当院では「シュライバー」と呼んでいます。私が患者さんに「前回より少し強いステロイドを出しておきますね」と伝えると、それを聞いたシュライバーは、カルテに少し強めのステロイド薬を入力してくれます。水虫の薬も同様に「では、1日1回3か月飲むタイプの薬を出しておきますね」と言うだけで、1日1回3か月飲むタイプの水虫薬をカルテに入力してくれます。

マニュアルで学び、一歩先を予測して行動できるようになると、診療がスムーズになります。医師が行う必要のない作業を看護師や医療事務が代行してくれれば、医師はその分、多くの患者さんを診られるようになります。また、引っ越しなどでほかのクリニックに転職した場合も、〝できる人材〟として重宝されると思います。もちろん転職してほしくはありませんが……。

マニュアルで学んだ知識は日常生活でも活かせます。家族や自分が火傷をしたとき、水膨れができたとき、湿疹ができたときなどに、「応急処置はどうするか」「様子を見たほうがいいのか」「すぐに受診すべきか」などが判断できるようになります。せっかく皮膚科で働いているわけですから、そのくらいの知識は身に付けておいたほうが何かと便利でしょう。

②成長を支え合う組織風土

当院には一緒に働く仲間同士で相談しながら、自分たちのスキルを高めていく風土があります。

たとえば、朝礼では看護師や医療事務が自主的にミーティングを行い、課題の共有をしています。ネット上の口コミで何か低評価なことが書かれていた場合などは、みんなで話し合い、その対応策を検討してくれます。低評価な口コミの中には、気づきを与えてくれるものもあり、当院の問題点を指摘してくれるものについては、素直に反省して接遇や患者サービスの向上に役立てています。

③外部の専門講師を招いた研修

外部の専門講師を招いて、接遇やエステの研修を行うこともあります。接遇は言葉遣いや、お辞儀の角度、相手の目を見て話すなどの基本も大事ですが、やはり、気持ちがこもっているかどうかで相手に与える印象が違ってきます。患者さんをお待たせした場合、お待たせしたことを本当に悪いと感じているなら、その気持ちが伝わる対応が必要だということです。忙しい保険診療と両立することは難しいことではありますが、心のこもった接遇を心がけています。

美容専門クリニックでは、看護師や医療事務が華美な服装であるところもありますが、当院はハイブリッド皮膚科です。ナース服やネイルの色、ピアスの有無などは、保険診療の患者さんに不快感を与えないよう、過度に華美にならないように気をつけています。

④セミナー参加費などの補助

クリニック職員向けのセミナーや美容皮膚科学会などの学会出席、化粧品の展示会など、私がすすめるセミナーや研修会には積極的に参加してもらうようにしています。参加費はクリニックが負担し、代休も与えています。スタッフが参加を希望するセミナーの場合は、その内容を確認し、業務上必要だと判断すれば参加費を負担しています。

図表3－2　花ふさ皮ふ科のバリュー（組織の共通の価値観）

①素直に相手の話を聴きます
②勇気を持って自分の意見を伝えます
③謙虚な姿勢を忘れません
④ありがとうの気持ち、感謝の気持ちを伝えます
⑤笑顔で接します
⑥相手の立場になって物事を考えます
⑦お互いに信頼し、助け合います
⑧あいさつや掃除など、基本的なことを徹底します
⑨自発的に成長する意欲を持ち、自己研鑽に努めます
⑩自分たちの仕事に誇りを持ちます
⑪教育を通してお互いに成長します
⑫皮膚科医療・美容医療に携わる者として、心と外見を美しくするように努めます

⑤資格・スキル手当

２０２３年１月現在、６万円を上限に資格・スキル手当を支給しています。たとえば、医師のカルテ入力をサポートするシュライバーに対する手当（医療事務）は１万～３万円、レセプト手当（医療事務）は５０００円～２万円、美容施術手当（看護師）は１施術につき５０００円など、習熟度に応じて金額設定を変えています。

２０２２年５月には、文部科学省が後援する「日本化粧品検定」の２級試験を私を含めたスタッフ30人が受けました。

この検定は3級から1級まで等級が分かれており、3級はWEB受験（無料）、2級以上は公式テキストがあり、試験会場で受験します。出題範囲は、肌の構造など美容皮膚科学、化粧品の基礎知識、基本的なメイクアップ法、正しいお手入れなどの美容法、法律などです。テキスト代、受験料はクリニックで負担しました。検定に合格したスタッフからは、「自信になった」「1級も受けてみたい」との声が聞かれました。

一方、資格やスキルといった専門性だけでなく、人間性のほうが大切だと考えています。高い人間性がなければ、後輩の育成や質の高い患者サービスはできません。そのため、今後は人間性の評価も給料や賞与に反映できるような仕組みを整えていきたいと考えています。

当院では、図表3－2のようなバリュー（組織の共通の価値観）を掲げています。専門性と人間性の両方を高めていけるスタッフと一緒になって、患者さんから信頼されるクリニックづくりを目指していきます。

女性が働きやすい環境の整備

当院は、女性スタッフばかりの職場であることから、女性が働きやすい環境の整備に努めています。一般的なクリニックよりも柔軟な働き方が実現できているのは、ハイブリッド皮膚科ならではだと考えています。

①完全予約制導入による残業防止

当院は保険診療も美容医療も完全予約制になっており、スタッフは最終18時の予約枠が終了するまでの勤務となっています。これにより、クリニックにありがちな診療時間が長引くことによる残業を防止しています。

完全予約制のデメリットは、初めて来院する患者さんが予約を取りにくく、予約枠がすべて埋まっていると、すぐに診てほしい患者さんを断らざるを得ないことです。保険診療の場合、すべての予約枠が再診で埋まってしまうと新患の患者さんが予約を取れません。そこで、「初診枠」や「当日枠」をつくって、新規患者さんが受診しやすいようにしたり、突発的な症状がある患者さんに対応できるようにしています。

完全予約制は患者さんのキャンセルなどで、どうしてもロスが発生してしまいます。それぞれの枠の数をどう設定するか、極力ロスが発生しないようにするにはどうすればいいかなどは、現在も試行錯誤しています。

また、どうしても院長に診てほしいという患者さんのニーズに応えるため、「院長枠」も設けました。

②シフト制による週休2日制と早帰り制度

当院はシフト制による週休2日制を採用しています。休診日は水曜日午後、土曜日午後、日曜日、祝日となっており、常勤スタッフは日曜日に加えて、水曜日か土曜日のどちらかに休んでもらっています。1日の労働時間が約9時間と少し長いのですが、週4・5日勤務になっています。

朝一番早く来てクリニックの鍵を開ける鍵当番のスタッフが、通常より早く勤務を終了できる「早帰り制度」も好評です。

③福利厚生

福利厚生の一環として設置型の健康社食「ＯＦＦＩＣＥ ＤＥ ＹＡＳＡＩ」を導入しています。スタッフは１個１００円からのお手頃価格で、総菜やご飯、国産野菜を使ったサラダ、フルーツなどを購入できます。

スタッフが毎日のように近所のコンビニに行ってお昼ご飯を買っている姿を見て、もう少し体にいいものを手軽に食べてほしいと考え、導入を決めました。

④女性のライフスタイルを応援

女性が長く働ける仕組みづくりとして、産休・育休の取得はもちろんですが、お子さんが急な病気のとき、幼稚園や学校の行事の日などに気軽に休みが取れる体制を整備しています。間接部門のスタッフにはフレックス制を導入しました。

女性は男性より職場の人間関係や働きやすさを重視しているように感じます。何かの本に男性は「解決脳」、女性は「共感脳」と書いてありましたが、そもそも脳の仕組みが違うなら、女性に合った対応をする必要があります。そのため、仕事のこと以外でも気軽に相談に乗り、何かよいことがあれば一緒になって喜んで、共感するようにしています。

先日、シングルマザーのスタッフが「ひとり親の条件から外れた」と喜んでいました。どうやら当院で働いて年収が増えたことで、ひとり親の生活を支援する自治体の手当金や助成金の対象から外れたようです。

私は「手当金や助成金があったほうがよいのでは」と思ったのですが、そのスタッフから「院長のおかげで成長でき、一人前になれました」と感謝され、私もうれしくなりました。

⑤ホワイト企業の認定

2022年5月には、当院の職場環境が評価され、一般財団法人日本次世代企業普及機構にホワイト企業として認定されました。さらに、同年11月にはエンゲージメント測定など人事面が評価され、ブロンズからシルバーにランクがアップしています。

スタッフそれぞれの成長、それぞれの思い

ここからは、当院スタッフの体験記を紹介します。ハイブリッド皮膚科で働くことの意義、それぞれの成長、思いを感じ取っていただける内容になっています。当院がどのようなクリニックを目指しているかを理解していただけたら、とてもうれしく思います（各スタッフの入職からの経験年数は2023年3月現在）。

日々学ぶ機会が多く、キャリアップを実感

看護師副主任（入職3年目）　阿部里実

私は看護学校を卒業して、最初の病院に4年間勤務したのち、総合病院に転職して1年半ほど勤めました。そのあと、もともと興味のあった美容医療にかかわりたいと考え、

花ふさ皮ふ科に入職しました。院長が語るYouTubeの動画を見て、「このクリニックで働きたい」と思ったからです。

総合病院勤務時代は理事長や院長といった経営層と接する機会がなく、経営的なことを考えることはありませんでした。しかし、花ふさ皮ふ科に入職してからは院長とかかわる機会が多く、院長からクリニックの経営に関することをお聞きして、経営視点を持って仕事に取り組むようになりました。私たちの仕事に対する院長の期待値は高く、それに応えることが仕事のやりがいや達成感につながっています。

当院は一般的な皮膚科クリニックとは違い、美容医療にも力を入れているため、患者さんのさまざまなニーズに応えることが可能です。たとえば、保険診療では提供できないニキビやアトピーの炎症後の色素沈着などにはレーザーを当てて治療することができます。これはハイブリッド皮膚科のメリットですし、当院の強みでもあります。

美容医療は奥が深く、院長が積極的に新しい治療を取り入れてくれるので、学びの機会がたくさんあります。日々の仕事が自分のキャリアに結びついていることを実感し、モチベーションアップにつながっています。資格取得への補助やスキル手当も充実していて、努力すればするほど、それに応えてくれることがうれしく励みになっています。

今後は、自分が指導した後輩の成長を励みとしながら、これまで学んだ皮膚科診療に関する知識やスキルをもっと深く掘り下げ、経営や組織マネジメントの面でも貢献していきたいと思っています。

患者さんの思いに寄り添った看護ができる

看護師主任（入職2年目）　樋口祐子

前職では病院の脳神経外科病棟で働いていました。脳梗塞で麻痺が残る患者さんの介助で手首を痛めてしまったことなどを理由に転職を考え、思い切って環境を変えて皮膚科の世界に飛び込んでみるのもいいかなと思い、花ふさ皮ふ科を選びました。

病棟を離れることで、看護師としてのスキルが低下してしまうという懸念はありましたが、花ふさ皮ふ科なら美容医療のスキルを身に付けることができます。夜勤もなくなり、小学生の子どもと過ごす時間が増えることも決め手になりました。加えて、花ふさ皮ふ科の診療理念にある「患者さんに信頼される」という文言を見て、クリニックでも患者さんに寄り添った看護ができると感じたことも大きかったです。

私は主任として後輩の育成などにかかわりながら、保険診療だけでも1日200〜250人の患者さんに対応しています。看護師にとって保険診療と美容医療の両方を診ることは忙しく、とても大変です。一方、ハイブリッドであることのメリットも感じています。

最も大きなメリットは、患者さんの疾患や悩みに対して最後まで寄り添えることです。アトピーなら症状が治ったあと、美容医療でアトピーやニキビの跡まで治療できます。保険診療の延長に美容医療があるため、患者さんは両方のメリット・デメリットを知ったうえで自分に合った治療を選択することが可能です。

また、院長は常に新しい治療、新しい美容機器などにアンテナを張っており、いいものはすぐに取り入れてくれますから、対応できる領域が広がっています。

院長の診察を見ていると、とても勉強になります。ステロイド薬の使い方、皮膚に対する観察力、患者さんのどこを見て、どのような医療用語を使って説明するのかなどを知ることができ、患者さんを問診する際に聞くべきポイントがわかるようになりました。まだまだ看護師として勉強することはたくさんあるのですが、今後は他職種の業務にも目を向け、シュライバーの知識も身に付けていきたいと思っています。

医療事務でも医療従事者の一員になれる

医療事務副主任（入職2年目）　小澤真琴

当院に入職するまでは、放射線科のクリニックで検査中心の医療事務を2年間していました。そのあと、神奈川県から大阪府に引っ越してきたのですが、土地勘もなく電車1本で通える範囲で職場を探していたところ、花ふさ皮ふ科を見つけて応募しました。

当院の医療事務は、シュライバーやカウンセリングに従事することができます。事務としての仕事の幅を広げたいと考えていた私にとって、一般的な医療事務では経験できない仕事に挑戦できることがとても魅力的でした。実際に入職してからはシュライバーやカウンセリングで診療にかかわることができ、自分も医療従事者の一員だという意識を持つことができました。

日々の仕事では看護師さんと連携する機会が多いのですが、スタッフ同士の雰囲気がよく、協力しながら仕事を進めています。アイデアや意見は院長やほかのスタッフから賛同を得られればすぐに取り入れてくれますし、新しいことにも挑戦できます。私にとって、こうした環境はやりがいを感じますし、働く意欲も湧いてきます。

ハイブリッド皮膚科のメリットは、患者さんに対して最良の治療を提案できることだと思っています。たとえば、「ほかのクリニックでレーザーを何回当てても治らなかった」という患者さんに対しては、まず保険診療で皮膚の疾患を治してから、レーザーを当てて肌をきれいにしましょうという提案ができます。

また、当院にはアトピーであることを理由に医療脱毛を断られた患者さんが来院されることがあります。アトピーはムダ毛処理で症状を悪化させないためにも医療脱毛をしたほうがよいケースがあるのにもかかわらず、皮膚科の専門知識がないと火傷のリスクを必要以上に恐れ、断ることもあるようです。当院ではそうした場合でも、皮膚科専門医の資格を持つ院長が肌の状態を見ながら対応できます。私が患者さんの立場だったら、保険診療だけ、美容医療だけの皮膚科よりハイブリッド皮膚科を選びます。

私の目標は、憧れでもあり、尊敬もしている主任に追いつくことです。そして、欲を言えば主任を超えたいとも思っています。そのためには、もっとたくさんのことを学び、知識を身に付けて、幅広い業務に対応できる人材になる必要があります。

最近は集患や経営面にも貢献したいと考え、マーケティングを学んでいます。それと、自分がもう少し英語が話せたら外国人の患者さんにも来ていただけるので、英語の勉強もしていきたいと思っています。

これからも院長の期待に応えながら、クリニックと自分の成長のために、一つひとつの目標をクリアしていきます。

法人初の新卒採用、将来は経営幹部として貢献したい

医療事務主任（入職2年目、分院勤務）　今井仁美

私はもともと航空関係の仕事（グランドスタッフ）を目指していたのですが、コロナ禍で航空関係の採用がなくなってしまいました。そんなとき、母から医療事務をすすめられ、大学在学中から花ふさ皮ふ科にパートとして入職しました。採用ページに1日の患者数200人とあり、私が望む忙しい職場であったこと、保険診療と美容医療の両方を提供していたことに興味を持ち、志望しました。大学卒業後の2021年4月からは常勤で働いています。ちなみに私が当法人で初めての新卒採用です。

花ふさ皮ふ科の医療事務の仕事は、私のイメージとはまったく違っていました。患者さんへカウンセリングをしたり、シュライバーとしてカルテの代行入力をしたりするからです。「今井さんがいたおかげで診察が早く回せたよ」と医師から声をかけていただくと、自分の仕事を認めてもらえたようで、やりがいを感じます。患者さんのカウンセリ

ングをして治療の契約が成立したときも同様です。主任として指導したスタッフがほめられたりすると、自分のことのようにうれしくなります。

アトピーなどの皮膚疾患があり、美容施術をあきらめる方が多い中で、皮膚疾患があっても美容施術を受けられることは、当院ならではの大きな魅力だと感じています。私自身、美容専門クリニックを利用してアフターケアに不満を感じたことがありますが、当院なら万が一トラブルがあった場合でも、最後まで対応できます。

私は当院の中でも若いほうですが、主任という責任ある立場を任せてもらうなど、一般企業ではできない経験をさせてもらい、自分の成長を日々実感しています。花房院長が掲げる「皮膚科診療・美容皮膚科診療で日本一信頼されるクリニックグループ」というビジョンの実現に貢献するためにも、まずは医療事務のスペシャリストを目指し、将来的には経営やマネジメントなどにも携わりたいと思っています。

夢は『情熱大陸』の出演！　日本一のクリニックを目指して

医療事務（入職6年目）　山本のりこ

私は開業前の準備段階からかかわったオープニングメンバーのひとりです。接客業が好きなこともあって、前職はホテルでウェディングプランナーをしていました。子どもが生まれたことで退職し、パートで短い時間だけ働ける職場として眼科や内科のクリニックで働いていましたが、クリニックのゼロからの立ち上げに憧れがあって、花ふさ皮ふ科で働くことになりました。

開院からの5年間は本当にいろいろなことがありましたが、わずかな期間でここまで大きく成長できたのは院長の手腕によるところが大きく、院長にはピンチをチャンスに変えるすごい力があります。強運の持ち主でもあり、院長といると自分も運が上がると思えてきます。実際、私自身も強くなりました。強さは生きていくうえで自信につながると思います。

院長は職種に関係なく、誰にでも平等に接し、とてもフレンドリーです。人の気持ちを理解してくれる人間性があり、定期的に行われる面談では仕事の悩みや新しく挑戦したいことなど、親身になって話を聞いてくださいます。お医者さんっぽくないところも魅力のひとつです。

当院は教育や研修制度が充実していて、朝礼では課題を共有し、院内勉強会も随時開催しています。院長から渡された勉強会の資料（院長お手製）は電話帳の厚さのファイル5冊を優に超えました。

院長は保険診療や美容医療に関するさまざまな学会、総合病院のカンファレンスなどに積極的に参加して、常に新しい医療と美容の情報を私たちに共有してくれます。そのため、スタッフは経験年数にかかわらず常に学び続けることができます。

私は12個あるバリュー（組織の共通の価値観）を公私共に意識しています。「相手の立場になって考える気持ち」「あいさつ」「素直さ」「謙虚な姿勢」など、人間として大きく成長できるきっかけになりました。

患者さんに「このクリニックに来てよかった」と心から満足していただくことを目標に、みんなで日々考えながら改善を繰り返しています。まさに「昨日の常識は今日の非常識」で、変化が楽しく、やりがいを感じますし、頑張って成長した分は各種手当などで目に見える評価をいただいています。

2022年11月には本院の開業5周年、分院の開業1周年を記念して、地域のみなさまをおもてなしする周年祭を開催しました。初めての大イベントでしたが、法人全体で総力を挙げて準備を進め、500人を超える方々が来場するなど大成功を収めることができました。その達成感、満足感は想像を超えるものでした。

当院は非常勤の先生を含め、職種や役職に関係なくスタッフ全員が仲良しです。同じ目標に向かって協力し合える団結力があるからこそ、普通のクリニックでは不可能なことも実現できます。

ハイブリッドであることの最大のメリットは、皮膚科専門医が患者さんに本当に必要な最適な治療・施術を安全かつ安心に提供できる点にあると考えています。当院には他院での施術で火傷をした患者さんがときどき来院しますが、他院ではトラブルがあっても専門医が不在のため、トラブル後の対処ができないのです。

皮膚科は、内科をはじめとするほかの診療科とは違い、患者さんの見た目に大きく貢献することができます。アトピーやニキビ、シミやホクロで悩んでいる患者さんは治療や施術で肌がきれいになると、笑顔が増えます。そんな姿を見ていると自分のことのようにうれしく、ますますやる気が出てきます。

院長は、花ふさ皮ふ科を日本一のクリニックにすることを目標として掲げています。私も院長と共に注目されるクリニック、お手本になるクリニックを目指したいと思っています。健康と美容は表裏一体であり、皮膚は内臓の鏡だと言われています。これからも皮膚科クリニックのスタッフとして、人の健康と美容に役立つ仕事を極めたいと考えています。

日頃、院長とは「いつかみんなで『情熱大陸』に出演したいね」と話しています。診療理念を大切に思ってくれる仲間を増やし、働きやすい職場の雰囲気を整えながら、夢を追い続けていきます。

4

医師キャリアの可能性は無限に広がっている

スパルタな両親のおかげで中高の成績は常にトップ

そもそも私が医師を目指すようになったのには、周りの環境が影響しています。とはいえ、親が医師だったわけではなく、家系的にも叔父が歯科医だったくらいで医師はひとりもいませんでした。

両親から「医者になれ」と明確に言われたことはなかったものの、勉強に関しては子どものときからものすごいプレッシャーをかけられており、テストで98点を取っても「あと2点間違えなかったら100点取れたのに、なんで間違えたんや?」と、あまり誉めてもらえませんでした。根底には、父親と母親の学歴コンプレックスがあったのだと思います。

両親は共に岡山県出身です。父親は岡山大学法学部の卒業で、勤務先も一流企業の東京本社でした。しかし東京に行くと、東京大学や京都大学、有名私立大学に比べて岡山大学はあまりなじみがなく、つらい思いをしたのだと思います。
母親は岡山大学薬学部卒の薬剤師で優秀でしたが、本当は医者になりたかったようです。50年前はいまほど女性の社会進出がなく、祖母からも「浪人してまで女の子がお医者さんなんて」と言われたそうです。

子どもの頃の私は、両親の学歴コンプレックスを発端とするプレッシャーのもと、両親の喜ぶ顔が見たくて頑張っていました。
公立小学校のときは勉強をしなくてもずっとトップの成績でしたが、進学塾に通って中学受験をしたものの失敗。灘中学校などに落ちて、第3希望の学校法人大阪医科薬科大学高槻中学校・高槻高等学校という中高一貫の男子校（現在は共学校）に入りました。その頃から、医師になることを意識していたと思います。

夏休みに歯科医院を開業している叔父のもとに遊びに行くと、白衣を着た叔父が私の歯を診てくれました。とても頼りになり、「医師や歯科医師ってかっこいい」と漠然と思っていました。

家族で行った京都・金閣寺（前列右が私）

さらに、通っていた高槻中学校・高槻高等学校は大阪医科薬科大学医学部にルーツを持つ学校のためか、開業医の息子がたくさんいました。当然のようにお父さんの後継ぎとして医学部に進むと言うし、みんな裕福で、子どもながらに「医者って儲かるんだ」と思いました。

帰りに買い食いするのにも、私の小遣いをはるかに超えたお金を持っていて、コンビニで漫画を買ったり、ゲーセンや駄菓子屋で毎日豪遊しているのを横目に大人しく家に帰って勉強していました。

そこでコンプレックスが生じて「絶対医者になってやる」と心に誓ったのです。

医者は人の役に立つし、かっこいいし、

お金が儲かるし、「めっちゃいいやん！」と思いました。

両親も医学部を目指すと言ったら喜んでくれたので、そこから死ぬ気で勉強しました。勉強ばかりで苦しさを感じたこともありましたが、プレッシャーへの対処法、課題の解決方法など、いまは勉強しておいてよかったと心から思います。

とはいえ、中高生の頃は共学校のカップルを見てモヤモヤしていました。男子校で、１学年２７０人も男子がいる環境に6年間閉じ込められたので、「医学部に入ったら絶対モテてやるぞ！」と思ったりもしました。おかげで、中学高校の成績はほぼ首席でした。

受験番号書き忘れのミス、それでもなんとか大阪大学に

中学高校の周りは裕福な同級生が多かったので、浪人も視野に入れてトップの大学を目指す人もいましたが、私の場合は両親から「うちには浪人させるほどの財力はない。家から通える国立の医学部に現役で合格しろ」という、いま振り返るととんでもないプレッシャーをかけられていました。

高校3年生の夏休みになると、彼女や彼氏ができたことで成績が落ちていく同級生を学校や塾でたくさん見てきた私は、夏休み中も朝から夜までずっと勉強していました。「みんな彼女や彼氏と楽しそうに過ごしているのに、なぜぼくは家でずっと数学の問題を解いているんだろう」と、本当に虚しくなりましたが、その成果もあり、夏休みが終わってから急激に成績が伸びたのを覚えています。

最終的に国立の医学部なら、東京大学、京都大学、大阪大学のどこでも受かるぐらいの成績でしたが、親から「家から通える国立の医学部に」と厳命されていたので、大阪大学を受験しました。

現役で国立の医学部に受かるように厳命されていた私は、ついに迎えた受験当日、ガチガチに緊張していました。平常心を失い、普段の実力などまったく出せず、落ちたと思いました。特に数学が壊滅的で、一問も完答できず、試験中に6年間の彼女のいない勉強漬けの日々が走馬灯のように流れていきました。

英語と理科はなんとか解けたのですが、理科の解答用紙に受験番号を書き忘れるという痛恨のミスを犯します。試験終了後に「受験番号7番の方、受験番号を書いていませんよ」と試験官から言われ、会場中の失笑を買いました。

試験の結果は無事合格。入学後、同級生から「お前があの7番か」「あいつだけは絶対落ちたと思った」と笑い話にされました。あとにも先にも試験で受験番号を書き忘れたのはこのときだけです。

高校までとは一変、ハジけた大学時代

高校までは勉強しかしていなかったので、大学入学後は遊び倒そうと思っていました。ところが、学生なので遊びたくてもお金がありません。周りはどうしているのだろうと見渡してみると、国立でも医学部の同級生はやはりお金持ちが多く、入学祝いにスポーツカーや外車を買ってもらっている人もいました。その車に彼女を乗せて走り去っていくのを見て、またイライラしていました。

そこで、自分が通っていた医学部専門塾で英語講師のアルバイトを始めました。喉が嗄れるくらい英語を教えて、夏期講習だけで100万円ぐらい稼ぎました。アルバイトを始めて1年経った頃には、当時400万円くらいした新車のBMWを一括で購入し、「身を粉にして働くとはこういうことか」と実感しました。

アルバイトで稼いだお金で、海外旅行にも行きました。中国、シンガポール、タイ、カ

男６人でマチュピチュに卒業旅行へ（左端が私）

ンボジア、ベトナム、ニュージーランド、アメリカ、イギリス、ドイツ、スイス、スペイン、イタリア、そして、男６人でマチュピチュへ行った卒業旅行はとてもいい思い出です。感受性の高い若い間にいろいろな国に行き、いろいろな国の文化に触れ、いろいろな人の価値観を知るのは大事だと思います。

思い出深い大学の授業、恩師との出会い

大学の授業はあまりまじめに受けていませんでしたが、興味深い授業もありました。いまでも大阪大学微生物病研究所でマラリアワクチンの研究をしている堀井俊宏先生の授業は、受けたのが20年以上前なのによく覚えています。「蚊に刺されない虫除けスプレーの使い方」など、学生が興味を持つようなテーマで解説されていたので、とても引き込まれました。

その堀井先生が先日、うちのクリニックに来てくれました。向こうから「花房先生、ぼくのことを覚えていますか？」と言ってくださって、「やっぱり先生ですか！」となり、昔話に花が咲きました。

産婦人科の村田雄二先生の口頭試問での卒業試験も印象に残っています。6年生の最後の秋だったので、正直、学生からすると国家試験の勉強を優先したいのに「卒業試験なん

て勘弁してよ」という時期です。それにもかかわらず、医学部の学生100人のために問題を100問作って、くじ引きで答えさせていました。毎年100人中半分程度は落ちるのですが、私もそれで落とされました。

いまでも落とされた問題を覚えています。「分娩間際になると子宮の入り口がだんだん出産に向けて成熟していく。陣痛が始まっているのに、まだ成熟していない状況だったらどうするか。陣痛促進剤で誘発分娩をするか？」というものでした。「いやいや、産婦人科医じゃないし、知らんがな」という感じで、まったく答えられずに落とされました。

幸い、2回目の口頭試問で受かったのですが、3回目も4回目も不合格だと留年になるので、すごいプレッシャーでした。

ただ、思い返すと、村田先生の教育に対する情熱がすごかったのだと思います。筆記試験にして全員受からせてもいいのに、新しい問題を毎年作って、100人相手にわざわざ口頭試問するわけですから、とても教育熱心な先生だったのでしょう。

医局に疲弊するも、論文執筆が転機に

親のクリニックを継ぐことが決まっている同級生など、大学入学時点で将来の診療科を決めている学生もいますが、多くの医学部の学生は「将来、自分は何科に進むべきか」と悩みながら日々を過ごします。私も、医師になるという漠然とした目標はあったものの、医学部時代は将来の診療科を決めかねていました。

そんな私が最終的に皮膚科を選んだのは、自分自身がアトピー性皮膚炎の持病があったことと関係しています。

幼少時代から症状はあったのですが、特に受験勉強のストレスがあった高校のときはひどくなり、首が真っ赤になったり、眉毛も抜けたりしてしまい、陰で「平安時代の麻呂みたい」と言われていました（アトピー性皮膚炎で眉毛の外側が抜けることをヘルトーゲ徴候と言います）。

大学に入り、受験のプレッシャーから解放されたことで症状はいったん治ったのですが、大学を卒業して初期研修医になると、再びアトピーの症状が表れるようになります。

初期研修は、とても忙しいが症例数をたくさん積めて勉強になることで当時有名だった病院を選びました。「これからはぼくも医者だ。給料が安くても忙しい病院でしっかり学んでやろう！」と思っていたからです。

特に、外科をローテートしていたときが激務でした。ぼくの指導医は朝6時半に来て、夜10時か11時までいて、土日も朝8時か9時には出勤されていました。研修医の私が、その指導医の先生より遅く出勤するわけにはいかないと思って、先生より早く病院に着くようにしていましたが、さすがに夜は最後まで付き合えませんでした。夜間に緊急呼び出しもあり、一睡もできない当直の翌日に通常業務は当たり前でしたし、夏季休暇も1年目はなく、残業代、有給も皆無でした（いまは違うと思いますが）。

努力のかいがあって、2年の初期研修が修了したときには院内の「最優秀研修医賞」を受賞することができましたが、アトピーは悪化し、メンタルもどん底でした。「こんなハードな仕事を一生続けることになるなら、外科系は無理だな」と思ってしまいました。

自分自身がアトピーに悩まされた経験から患者さんの気持ちに寄り添いたい、無理なく働きたいと思うようになり、ある意味消極的に母校である大阪大学の皮膚科に入局して、後期研修を開始しました。

初期研修医の頃の給料もとても安かったのですが、後期研修に選んだ大阪大学医学部附属病院ではさらに給料が下がりました。

阪大病院は、医局制度の問題点などを描いた小説・ドラマ『白い巨塔』のモデルと言われています。大学病院のヒエラルキーの中で、スーパーローテートの初期研修医はお客さま扱いで、後期研修医の私は初期研修医よりも下の最下層。3年目になっても医師免許の必要のない使い走りのような雑用ばかりでした。時間外に急変した患者さんの緊急の薬を自分でパソコンでオーダーしたあと、薬局に自分で電話して、自ら地下の薬局に走って取りに行かされるようなことも日常茶飯事で、悔しかったですね。心中荒れすさんでいました。

そんなとき、当時病棟医長だった山口裕史先生（現Pfizer Senior Director Clinical Research）が「症例をまとめて英語で論文を書いてみないか」と言ってくださり、人生の転機が訪れました。

英語はもともと好きなので、とりあえず書いてみようと、2〜3週間で書き上げ、先生に提出しました。英語講師をしていたくらいなので文法は合っているものの、いま思えば論文としてはメチャクチャな内容だったと思います。でも山口先生は、受け取った瞬間に読んでもいないのに「めっちゃよく書けてるやん、完璧やな！」と言ってくださいました。誉め上手だったのだと思いますが、すっかり気分に乗せられてしまいました。

「あとは俺に任せとけ」と受け取っていただいてから、2〜3か月後に「花房先生の論文、検索サイト『PubMed』に載ったよ」と山口先生から聞かされ、「ぼくの論文を全世界の人が見るの？」と飛び上がって喜びました。

この成功体験があり、それから1年間に4本くらいの英語論文を書きました。患者さんにご協力いただき、患者さんの自宅におしかけて治癒した患部の写真を撮らせていただいたこともあります。「花房先生の英語論文に私のお尻の写真が載るの？　アメリカ？　イギリス？　どこの論文なん？　恥ずかしいけどうれしいわ」と、合併症の「カリニ肺炎」で生死をさまよわれた高齢の女性患者さんに笑顔で言われたこともいい思い出です。

教授を目指して大学院、さらに留学へ

研修医時代に疲弊し、勤務医としての医者人生に夢や目標もなく、「そのうち開業でもするんかな」くらいにしか考えていなかった中で、論文執筆で自分の承認欲求が満たされた私には、「テレビドラマの『白い巨塔』で見た教授になれるかもしれない」という気持ちが芽生えます。

研究に目覚めた頃、医師4年目からは医局の教授に命じられ東京の都立墨東病院へ。皮膚科で手術などの臨床経験を積み、そこでも皮膚科医としての学びを深めていきました。

「手術もできるし、患者さんの診療もできるし、英語論文も書けるし、ぼくは絶対教授になれる」

こう確信し、大学院で医学博士を取るべく、再び大阪へ戻り、大阪大学大学院で研究することにしたのです。

ネズミや患者さんの血液・皮膚を用いて日付が変わるまで実験を繰り返す日々を過ごし、薬疹に関する学位論文を発表した大学院を修了後、今度は留学を考えました。もともと大学受験のときから英語は得意中の得意。海外に住むのは面白そうだし、教授になるためのキャリアアップになるだろうと思ったのです。ただ単に海外生活を一度経験したかったというのもあります。

アメリカ・サンフランシスコにあるＵＣＳＦ（University of California, San Francisco）で胸腺の研究をしているMark S. Anderson教授のラボで自己免疫疾患の研究をしたいと思いました。でもどうやって行ったらいいかわかりません。医局の教授から徳島大学の教授をご紹介いただき、徳島大学の教授からMark S. Anderson教授にメールを送っていただきました。そして、まずは先方へあいさつがわりにプレゼンに行こうと、自腹で航空券を買って渡米。「私は日本でこんな研究をしている皮膚科医です。私を雇ってほしい。ここで研究をさせてほしい」とお願いしました。帰国後にメールで「お給料はどれくらいですか？」と聞いたら、「出せるかどうかわかりません」と返事が来てガクッときましたね。

そこで今度は奨学金制度を探しました。日本学術振興会の海外特別研究員として採用さ

留学先の Mark S. Anderson 教授。私はいまより 15㎏ほど太っていた

ミュンヘンで行われたヨーロッパ研究皮膚科学会（右端が私）

れると年間600万円（派遣国によって異なる）くらいもらえます。私は2年間を予定していたので、1200万円です。

申請書の書き方もよくわからないような状態でしたが、ひとまず必死で書いて提出したところ、5～6倍の倍率を勝ち抜き、合格しました。採用通知のメールが来た日は「やった！　留学できる！」と研究室の部屋の前でガッツポーズしたのをいまでも覚えています。

研究は肩書を得るため？ストレスから体調悪化

希望を胸に留学したものの、海外での研究は思ったほど順調には進まず、実際に暮らすとなると買い物ひとつ取っても大変なことばかりで、思い描いていたような華やかな留学生活ではありませんでした。日本で母親が病気になったこともあり、1年半くらいで帰国します。ぼくの中で燃え尽きたような感覚がありました。

2年間の予定が早めに帰国することになったため、大阪大学にはポジションがありません。留学の研究結果も出せなかったし、教授への道もなくなったと意気消沈しました。「もう大学での出世はあきらめようかな」と考えたとき、ふと「開業」の文字が頭をよぎったのです。そこで教授に、「医局を辞めて開業したい」と話をしに行ったら、教授から「まだ早いんじゃないの。もったいない」と言われました。

そうこうしているうちに、教授の紹介もあって、「東京医科歯科大学に講師で来ないか？」というお声がけをいただいたのです。

私はやはり講師という肩書、ネームバリューが大好きだったので、「34歳で大学の講師になれる、いったん閉じかけた教授への道がまた開けた」などと思って行くことにしました。

いま考えれば本当にありがたいことです。教授は私を救おうとしてくれたのです。東京医科歯科大学ではｉＰＳ細胞の研究を皮膚科に活かすという最先端の研究の場も与えていただきました。

しかし、東京医科歯科大学の准教授の先生とｉＰＳ細胞の研究をしているうちに、致命的なことに気がつきます。「自分には研究は向いていない」という事実です。

たとえば、大阪大学の大学院時代の指導医の小豆澤宏明先生は、心から研究が好きで、専門の薬疹の話になると目を輝かせていました。普段は定時でサクッと帰られていましたが、ご自身の専門の重症薬疹の患者さんを治療するときや、薬疹の話をしているときは、目を輝かせてイキイキと遅くまで残って働かれていました。


それに対して私は、最初に論文を書いたときの純粋な気持ちが、いつの間にか「大学院の学位を取るため」「留学するため」の研究になり、「教授になるため」の論文執筆に変わってしまっていました。論文はものすごい本数を執筆していたものの、内容が伴っていない、中身がないと、自分ではうっすら感じるようになっていました。

つまり私は、教授の肩書きを得るために、インパクトファクター（論文が掲載された学術雑誌がどれくらい他誌に引用されているかを示す指標）が高い論文に自分の研究が掲載されるために、人からすごいと言われるために研究していたから、ずっと苦しかったのです。一方で研究者の先生方は、好きな研究を突きつめたいからワクワクしながら研究し、だからこそ結果を残して教授になっているのでしょう。

そう考えると、私の場合、最初は論文を書いて楽しかったはずが、いつの間にか目的と手段が逆になり、医局でのぼりつめるために論文を書く、教授になるために研究していたと気づいたのです。

加えて、東京医科歯科大学では、病棟医長を命じられ、緊急入院の対応などもあったため、思うように研究が進みませんでした。相変わらず給料も安く、単身赴任で幼い子どもに会えない寂しさが募り、徐々にモチベーションが下がっていきます。本当に研究が好きなら病棟医長だろうと給料が安かろうと、単身赴任だろうと研究を遂行していたと思いますが、私はそうではなかったのです。

次第に、患者さんへの対応も冷たくなります。外来終了ギリギリの時間に「水虫の薬をください」などと大学病院に来る軽症患者さんに対して、「大学病院は重症の患者さんが来る病院なのに、なんで水虫なんかで来るんだろう。近くのクリニックに行ったらいいのに」みたいなことを考えてしまう嫌な医師になっていきました。

そうこうしているうちに、ストレスでめまい症を発症し、電子カルテの画面がゆらゆら揺れて、耳が聞こえにくくなりました。いったいどうなってしまうのだろう。耳が聞こえなくなったら仕事ができるのか。絶望的な気持ちになりました。

耳鼻科の先生との出会いで開業を決意

耳鼻科で診察してもらったところ、「突発性難聴になっている」と診断されました。ずっと無理を続けてきたツケが回ってきたのだと思いました。幸い、耳鼻科の先生によくしていただいたおかげで、軽症で済み、快方に向かっていきました。

この耳鼻科の先生との出会いによって、初心を思い出すことができました。耳鼻科の先生はとても患者さん思いの先生で、それにひきかえ自分は肩書や論文の数ばかりに心を奪われ、医師としてどうあるべきかを忘れていたのではないかと、猛烈に反省しました。

そして、耳鼻科の先生のように「患者さんに優しいドクターになろう」と、心から思ったのです。研究に時間を使うより、患者さん一人ひとりと真摯に向き合う開業医になろう。自分にはそれが合っていると思い、帰阪して、開業することを決めました。

悔いのないキャリアを選択するために

本書の読者の中には、これからキャリアを重ねていく若いドクターや医学生もいるでしょう。医師としてのキャリアは人それぞれです。

留学したい気持ちが少しでもあるなら絶対に留学したほうがいいと思います。私のようにうまく成果を出せなくても、日本を離れて海外で暮らすこと自体が、そのあとの人生に大きな影響を与えることもあるからです。

大学院への進学も、環境が許すなら経験すべきだと思います。学生に戻るため、収入がなくなる分はアルバイトで生活費をまかなうことになりますが、研究を通じて、より診療を科学的な視点で見られるようになると思います。

また海外の学会で外国人を前に口頭でプレゼンしたときは、自分がサッカー日本代表のように日本を代表しているように思えて、とても気分が高揚しました。あの緊張感、終わったあとの晴れやかさは格別です。

人生は1回きり、悔いのない選択をすべきだと思います。

私自身、苦しい時期もありましたが、振り返ってみると、そのすべてがよい経験だったと思います。

開業医となったいまも学会発表やセミナー講演を続けている

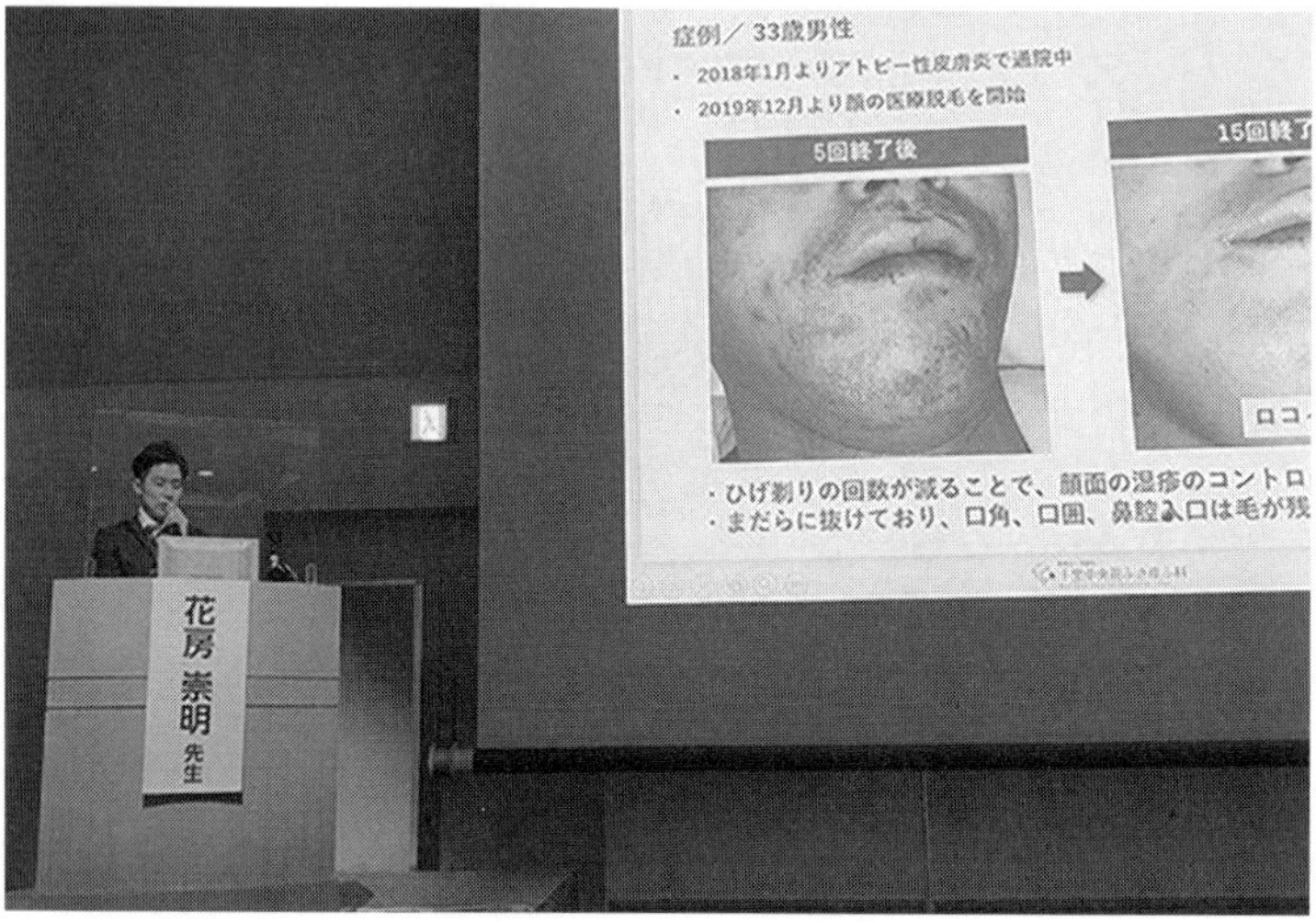

　では、開業医はどうでしょうか。私の場合は、9時から19時までは患者さんに必死で向き合い、19時以降は、経営者として考えないといけないことも多く、勤務医の方が想像されるよりはるかに忙しい日々を送っています（図表4－1）。実際、開業して3年くらいは日付が変わるまで毎日クリニックで仕事をしていました。

　しかし、目の前の患者さんを全力で診療し、一緒に働いてくれているスタッフを幸せにするために働けている毎日は充実していますし、とてもやりがいのある仕事だと誇りに思っています。

図表4－1　1日のタイムスケジュール

クリニック勤務の日

- 07:00　起床
- 08:00　クリニック到着。朝礼や診療の準備など
- 08:30　朝礼や勉強会。皮膚に関する最新の研究についてシェアし、経営者としてのビジョンを語る
- 09:00　診療
- 13:00　業者との事業打ち合わせ、スタッフ面談など。面談では現在の悩みや今後やりたいことなどをひとり15分程度でヒアリング。昼食はコンビニで簡単なものを買って食べることが多い
- 15:00　診療
- 19:30　税理士や業者との事業打ち合わせ、オンライン勉強会など
- 22:00　帰宅。夕食など

水曜日（午前のみの診療）

診療を終えたあと、午後は業者との打ち合わせが多い。福利厚生としてスタッフにレーザーを当てることも。最新の施術を受けているスタッフは全員シミなしの美肌！

休診日

自宅でアトピーなどに関する教科書の執筆など。完全オフの日は小学校6年生と4年生の子どもと遊ぶ

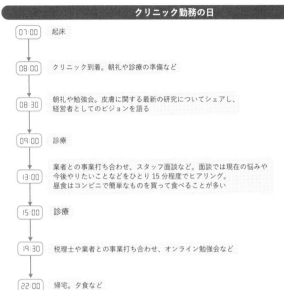

5

ハイブリッド皮膚科は1日にして成らず

開業医は想像以上にハードワーク

開業当初からたくさんの患者さんに受診していただけるとは思っていなかったため、開業時に雇用したスタッフは看護師ゼロで医療事務のパートスタッフ5人だけでした。設備も顕微鏡と紫外線治療器など保険診療に必要な最低限の人員・設備と比較的安価な炭酸ガスレーザーを準備してスタートしました。

看護師を雇わなかったのは、経営を軌道に乗せる自信がなかったからです。患者さんが少なかったら看護師の人件費（1人雇うと月に30万〜35万円程度でしょうか）が経営の負担になると恐れていました。採血やガーゼ交換も全部自分でやればいいと思っていました。それにもかかわらず、開業した2日目からは行列ができるほどの盛況ぶりでした。

そのあともたくさんの患者さんに来ていただきました。「私の名前を冠したクリニックに、朝からこれだけの人が並んで、私の診療を求めている。なんて素晴らしい仕事なんだ！」と、開業の喜びを感じていました。

一方、私ひとりで診ていたため、どうしても患者さんを待たせることになり、診療を終えるのが22時頃になることもありました。私はそこから診療以外の雑務をこなすため、帰宅はいつも深夜になっていました。

大学病院に勤務していたときは、「開業医の先生は9時から17時まで働いて、休日はしっかり休めてうらやましい」などと考えていましたが、まったくの思い違いでした。残業するスタッフを見て、「あと何人患者さんを診ればスタッフを帰宅させることができるのだろう」と、忙しさが徐々にプレッシャーに変わっていきました。

開業当初は特に、人員増員のための採用・院内オペレーションの改善など、診療以外にもスタッフとの情報共有や患者さんトラブルの対応、ホームページの更新・修正作業、業者との打ち合わせなど、することが山積みで、休む暇などありません。疲弊していくスタッフを見て、「このままではいけない」と思いながら、でもどうしたらよいかわからず途方に暮れていました。

勤務医が知らない保険診療の裏側

勤務医の頃は、患者さんの診療単価を考えたことなどありませんでしたし、使用しているガーゼや手袋の原価がいくらで、ひと月にどのくらいのコストがかかっているのかなど想像すらしませんでした。自分がどのように使用しようが、もらえる給料が変わるわけではないので、コスト意識がないのは当たり前かもしれません。

しかし、実際に開業して収支を考えるようになると、保険診療でクリニックを成り立たせることに限界を感じずにはいられませんでした。

1日24時間という限られた時間の中で、自分の価値、時間単価を高めながらスタッフの給料を上げ、クリニックを成長させていくにはどうしたらいいのか。診療単価が決まっている保険診療で売り上げを上げようと思ったら、時間当たりに診る患者さんの数を増やすしかなく、どうしても診療が雑になっていく懸念があります。それでは医師として納得のいく、患者さんが満足する治療ができません。丁寧に診療すると待ち時間が長いとクレームが入り、待ち時間を短くするために1人当たりの診療時間を短くしようとすると、治療が雑だというクレームが入るのです。

「患者さん一人ひとりに最良の医療を提供したい」と夢を持って開業したものの、すぐに葛藤を抱えてしまいました。

技術を磨いて、勉強して、診療の質を上げた分がきちんと報酬として適切に評価されれば、私もスタッフもやりがいを持って働けます。開業してから自分で価格を設定できる自由診療を取り入れるようになるまでに、それほど時間はかかりませんでした。

安心・安全な美容医療で患者さんを救いたい

美容医療を取り入れるようになったのは、他院でのレーザー脱毛で火傷をして来院する患者さん、他院で高いお金を払ってニキビ治療をしても治らなかった患者さんに数多く出会ったことも大きな理由のひとつです。

患者さんは、希望と不安を抱えながら勇気を出して美容クリニックを受診したのに、レーザー治療の結果が伴わないどころか、火傷まで負ってしまったら、元も子もありません。美容医療の専門クリニックでは、「副作用の火傷は診られないから、別の皮膚科へ行ってください」と平然と伝えるところもあるようです。患者さんがどれだけ不安な気持ちで当院を受診されたか、想像するとつらくなりました。

大学病院や海外留学で深めた皮膚科専門医の知識があり、皮膚科の診療経験が豊富な医師が美容医療を行えば、不幸な患者さんを減らすことができます。万が一、トラブルがあった場合でも正しい知識で事後の処置を行うことが可能です。皮膚のトラブルを抱えるすべての患者さんを救いたいという思いが高まり、美容医療まで領域を広げることを決めました。

そして、開業から1年半後の2019年5月に入居している医療モールの2階を新たに借りて、2階で保険診療、もともと保険診療で使用していた3階で美容医療を始めました。

医者は社会の常識を知らない

医者は、医療のプロフェッショナルではありますが、一般社会の常識や経営についてはほとんど何も知りません。大学の医局に所属していたときは気づきませんでしたが、医療の世界は一般社会から見れば、非常識なことばかりでした。

いまは状況が変わっているかもしれませんが、私が勤務していた病院や所属していた医局は長時間勤務や休日出勤は当たり前で、残業や休日出勤をしても、自己研鑽という名目で、その分の手当が出ることはありませんでした。有給休暇の取得も皆無でした。そのため、開業当初は「残業代がきちんと出て有給休暇が取れる花ふさ皮ふ科は、なんて幸せな職場なんだろう」と本気で思っていました。しかし、このような感覚のズレは、あらゆる場面でスタッフとの軋轢を生むことになります。

たとえば、クリニックのお昼休憩に製薬会社を招いて薬剤の勉強会をしていたとき、私は「休憩時間に」「自己研鑽として」製薬会社が持参してくれたお弁当を食べながら話を聞いていました。当然、スタッフも同じようにするものだと思っていたのですが、誰一人としてお弁当に手をつけません。「どうして食べないの？」と聞くと、「勉強会のあとにゆっくり食べる」と言うのです。

どうやら彼女たちにとって勉強会は勤務時間に行うものであり、「勤務時間内の」勉強会が終わったあとにお昼休憩を別に取ると考えていたようです。勉強会は自己研鑽の一環であり、「業務外」だと思っていた私にとって、その発言は驚きでした。しかし、感覚がズレていたのは私のほうで、一般社会の常識としてはスタッフが正しいのです。

会計や財務に関しても、戸惑いの連続でした。たとえば、保険診療は非課税取引のため、患者さんから消費税をお預かりすることはありませんが、自由診療には消費税がかかるため、患者さんからお預かりした消費税を納付する義務があります。

なんとなく理解はしていたものの、患者さんからお預かりした消費税も含めてそっくりそのままクリニックの売り上げになったような気持ちでいたため、期末に納付義務があることに焦ったこともありました。

減価償却の仕組みも知りませんでした。減価償却とは医療機器などにかかった経費を一度に計上せず、少しずつ分割して計上することで、たとえば、１２００万円のレーザー機器を購入した場合は毎年２００万円ずつ、６年間かけて計上します。

私はてっきりその年に１２００万円分を経費として計上できるとばかり思っていたので、その年の経費が２００万円にしかならず、実際に安くなる税金がわずかしかないことを知ったときには腰を抜かしました。

こうしたエピソードを挙げればきりがありません。勤務医の頃は有給休暇を取得したことも、残業代をもらったこともなかったため、「有給って休みを取りながらお給料をもらうの？」という状況が不思議で仕方がありませんでした。スタッフにボーナスを支払った月は赤字になり、人件費の高さに驚愕したこともあります。

読者のみなさんからすると、「何を当たり前のことに驚いているんだ」と思われるかもしれませんが、初めてクリニックを経営する私にとっては知らないことばかりで、いかに自分が一般常識や経営に無知だったのかを思い知らされる日々でした。

とはいえ、財務・会計の知識は、医業に詳しい税理士の先生に教えていただきながら自分で勉強すればなんとかなります。開業して最も苦労したのは、スタッフのマネジメントです。

自然とスタッフがついてくるわけではない

開業当初は、私が患者さんと真摯に向き合い、いい診療をしていれば、自然とスタッフがついてくると考えていました。いま考えると本当に恥ずかしい話ですが、スタッフは患者さんが満足する姿を見て、「こんなに腕のいい人気ドクターと働けて幸せ！」と思ってくれると、心から信じていたのです。

しかし、それは大きな間違いでした。患者さんに信頼される医療を提供しようと思ったら、スタッフに対しても患者さんと同じくらい真摯に向き合い、大切にする必要がありります。だからこそ経営者は、スタッフがやりがいを持って楽しく働ける環境を全力でつくっていく必要があるのです。

そもそも、国家資格を有する医師や看護師は就業先に困ることはまずありませんし、人材不足と言われる昨今、優秀な医療事務なら働く場所はいくらでもあります。いつ辞めてもすぐに次が見つかるという状況の中、待遇や環境がよくない職場で、長く働きたいと思わないのは当然です。そして難しいのは、待遇や職場環境がよいだけでもスタッフはついてこないということです。

開業した頃は、そんなことにまったく気づいていませんでした。医師としてのキャリアを積み、開業して、多くの患者さんに恵まれていたことで、知らず知らずのうちに天狗になっていたのかもしれません。こうした私の認識の甘さから、のちにスタッフの大量離職という痛手を負うことになります。

次々に辞めていくスタッフ

開業後は、私もスタッフも忙しい日々を送っていました。必要最小限の人員で業務を回していたため、現場に無理な負担を強いてしまうこともありました。私はスタッフの生活を守るという責任感から、売り上げを立てることに躍起になっていたため、スタッフと真摯に向き合う余裕がなく、理不尽な態度を取ってしまったこともあります。

たとえば、金曜日の夜にスタッフが誤って、予約を受け付けるパソコンの電源を落として帰ってしまい、土曜日の予約が入らないことがありました。

この出来事が起こる少し前に行った匿名の職員満足度（ＥＳ）調査で、職場に対する不平・不満がたくさん書かれていたことにショックを受けていた私は、「ぼくやクリニックの文句ばかり言ってるけど、予約がゼロで患者さんが来ないと、きみたちに給料を払えなくなるけど、それでもいいの！」とミスをしたスタッフを叱責しました。

本来、院内で起きたミスはスタッフのせいではなく、ミスが起きないような仕組みを作っていなかった院長の責任です。電源ボタンに注意喚起のシールを貼っておくなどの対策を講じておかなかった私に責任はあります。しかし、当時はスタッフがミスをすると、なんでもすぐにその人のミスだと責め、苛立ちを隠すことができませんでした。

当然、私のそうした態度からスタッフとの距離が生まれ、「最近の院長は機嫌が悪い」「売り上げばかり気にしている」などと陰口を言われるようになっていました。しかし、それでも私は「自分は患者のため、スタッフのために夜中まで頑張っている」と軽視していました。

気づかないうちに院内の雰囲気は最悪になり、毎月月末になるとスタッフから「院長、診療後に少しお話しできますか」と声をかけられるようになりました。「来月いっぱいで退職したい」と言いに来るわけです。スタッフが辞めると新しい人を雇い、また別の人が辞めたら新しい人を雇い……の繰り返しで、月末になるたびに「また辞めてしまうのか」と落胆して、そのうち月末が来るのを恐れるようになりました。

新型コロナで状況がさらに悪化

それでも残ってくれるスタッフと新たに採用したスタッフでクリニックを回していたところに、新型コロナウイルス感染症のパンデミックが起きます。緊急事態宣言が発令され、患者さんが激減しました。あとから振り返ると、皮膚科はそれほどのダメージはなかったのですが、ずっと右肩上がりで売り上げが順調だった当院に初めてブレーキがかかりました。

当時は、世の中がどうなってしまうのか先が見えず、緊急度の高い患者さん以外は来ないのではないか、美容医療の需要はなくなってしまうのではないか、スタッフの給料は払えるのだろうか、非常勤の先生は出勤日数を減らしてもらったほうがいいかなど、大きな不安を抱え、院長室で半泣き状態でした。

しかし、約1か月が経ち、緊急事態宣言が解除された途端、皮膚科の患者さんはあっという間に戻ってきてくれました。ほっとしたのも束の間、今度はスタッフから「子どもの保育園でクラスターが出たから休みたい」「ウイルスが心配だから、しばらく勤務を控えたい」という申し出が続出し、患者さんはたくさん受診してくださるのにスタッフが足りないという状況に陥ってしまいます。私は開業後から不眠になっていたのですが、疲労とストレスで帯状疱疹を発症し、心身共にボロボロの状態でした。

状況はどんどん悪化し、ついに恐れていた事態が起きます。2020年末から年が明けた1月はじめにかけて主任スタッフ2人を含む15人から「退職したい」と言われたのです。

主任スタッフ2人は3年ぐらい一緒に働いてくれて、いろいろなセミナーやクリニックの見学に同行してもらい、知識もやる気も豊富だった、非常に頼りになる医療事務と看護師でした。彼女たちとの思い出も含め、ものすごく大切なものを失ってしまった。そんな気持ちで打ちひしがれました。

それまでは、多忙な業務を強いていたこともあり、スタッフがある程度辞めていくのは仕方がないとあきらめていた部分もあったのですが、さすがに15人は多過ぎます。いつぞやの経営セミナーで聞いて「他人事」と思っていた大量離職が自分のクリニックで起きかけていたのです。

そこで、あらためて自分の言動を振り返り、スタッフ一人ひとりと面談をしたり、直接電話をかけたりして、「不満があったら言ってほしい」「自分に改善できるところがあれば教えてほしい」と懇願したところ、「最近の院長は裸の王様のように周りが見えていない」「院長の心ない発言で、陰で泣いているスタッフがいた」などと指摘してくれる人がいました。

せっかく数ある職場の中から私のクリニックを選び、希望を抱いて毎日働いてくれていたのに、幻滅させてしまった。いつの間にか、楽しくない職場にしてしまった。心から反省した私は週明けの朝礼で全スタッフに、「楽しくない職場にしてしまって本当に申し訳なかった。この責任は私にある。心を入れ替えてこれから頑張る」と謝罪しました。

しかし、謝ったからといって状況がよくなるわけではありません。結局、15人の決意は固く、私はせめて最終勤務日までは楽しく働いてもらおう、最後に「院長は本当に人が変わった」と思ってもらえるようにしようと心を入れ替え、初めてスタッフと真剣に向き合いました。

大量離職の裏にあった引き抜き事件

実は、このときの大量離職の裏には、常勤医師A氏によるスタッフの引き抜きがありました。彼は自分が開業するクリニックのスタッフとして、看護師主任、医療事務主任を含む5名ものスタッフを引き抜いていたのです。15人の離職者のうち、引き抜かれたのは5名でしたが、残りの10名の中には、主任が辞めるなら私も辞めようとつられて辞めたスタッフもいたかもしれません。おまけに、当時最も信頼を寄せていた私の秘書が当院から引き抜いただけでは足りない分のA氏のクリニックのオープニングスタッフの採用面接をしていたこともわかりました。

私はそんなことにも気づかず、そのA氏に開業のアドバイスをしたり、内覧会に胡蝶蘭を贈ったり、送別会を開いたりと、呑気にお祝いをしていました。大量離職のあと、この事実を知った私は精神的なショックを受け、人間不信に陥り、1週間ほど不眠になり血圧も上がりました。

引き抜きの中心人物であるA氏に対しては憤りを禁じ得ません。彼はもともと勤務医のときからの知人で、私のクリニックで診療をしてもらう一方で、将来的な独立開業をサポートして、経営の勉強をしてもらっていました。私は彼を信頼し、心から感謝と開業の応援もしていたのです。

また引き抜きと同時期に、当院で勤務してくれていた非常勤医師B氏が当院の近隣でいわゆる競合クリニックを開業しました。裏ではA氏とB氏と秘書がつながり、情報交換をしていたようです。

A氏にもB氏にも当院でたくさんの患者さんを診療していただきました。秘書は引き抜きのアシストが表沙汰になったあと、説明責任を果たすために彼女の口からスタッフの前で経緯を説明したうえで、引き続き一緒に働こうと私が促したのですが、それを拒み数日で退職していきました。これらはすべて、私が経営者として、人として未熟であったからにほかなりません。私に人を惹きつける魅力があれば、人を見抜く力があれば、大量離職や引き抜き、近隣での開業、引き抜きのアシストなどなかったでしょう。

当院の成長に力を貸してくれたという点、自分の常識は他人の常識ではなく、開業前からの友人や知人であったとしても、勤務医を雇用するときは入職時に「スタッフの引き抜き禁止」「競合圏内での開業についてのルール」を決めて誓約書などを作成しておく必要があるという「やり方」についての学びを私にくれた点など、A氏、B氏、秘書にはいくら感謝してもしきれません。そして、このままではいけない、自分が大きく変わる必要がある、自分の経営者としての心の「あり方」を変える必要があると痛感しました。

リーダーに重要なのは心の「あり方」

もともと、開業当初から経営の勉強はしていましたが、どうしても取り組みやすい福利厚生の施策などの「やり方」ばかりに目がいってしまっていました。その結果が大量離職でした。それからはリーダーとして、経営者として自分はどう変わるべきかを学ぶために、経営者としての心の「あり方」の勉強により力を入れるようになりました。

具体的には、経営やマネジメント関連の書籍を読んだり、開業医を対象とした経営塾・コミュニティである「医療経営大学」や「M．A．F（医療活性化連盟）」に参加して学び始めました。さまざまなクリニックの成功事例や失敗事例を聞き、経営者として自己成長のために努力を続ける意識の高い開業医と交流すると、多くの刺激が得られます。落ち込むことがあっても元気がもらえます。全国の開業医が集うとても貴重な場であり、いまも足を運んで自己研鑽を続けています。

マネジメントや人材育成の勉強をして、日々スタッフと接する中であらためて気づいたのは、人として思いやりがない、自分の殻に閉じこもって人の意見を聞こうとしない経営者には誰もついてこないということです。ひとりの人間として「中身」を磨き、人間力を高める必要があるのです。

院長の私が経営者として魅力的で「この院長と一緒に働きたい」と思ってもらうことができれば、スタッフはきっとついてきてくれるはずです。人の気持ちは変化しやすいので、長く思い続けてもらうことは容易ではありませんが、超一流の経営者となるために常に情熱を持って、成長し続けたいと考えています。

一本の電話から分院がスタート

大量離職のあとで少しずつ職場の雰囲気を変えようとしていた頃、現在の分院長の大村玲奈先生が求人雑誌に掲載されていた私のインタビュー記事を見て、「一緒に働かせてほしい」と電話をかけてくれました。それから、分院の開業に向けて動き始めました。

大村先生は保険診療と美容医療のハイブリッド皮膚科に興味を持っていました。私の診療理念に共感してくれて、私と一緒に働きたいと声をかけてくれたのです。

ちょうど当院から電車で10分ほどの距離にある江坂駅前のテナントが空いていたので、「これはいましかない」と思って分院の開業を進めました。

スタッフに分院を立ち上げることを話したら、とても協力的で、「クリニックを立ち上げてみたい」「立ち上げは夢でした」という声が意外と多く、本当にうれしかったですね。

なぜなら、それまではレーザー機器を導入したり何か新しいことを始めようとすると、自分の説明不足や準備不足が原因で常にスタッフから反対されていたからです。自分の態度が変わればスタッフからの反応も変わると実感しました。

自分の夢を叶えられているのはスタッフのおかげ

大量離職というつらい出来事を経験して、あらためてスタッフの大切さを実感しました。医師免許を取得してクリニックを開業することは、私にとって幼い頃からの夢だったわけですが、紆余曲折を経て夢を叶え、毎日患者さんに感謝されながら充実した日々を過ごせているのは、ほかならぬスタッフのおかげです。

よくよく考えてみると、スタッフは私の夢に付き合ってくれているだけで、「小さい頃から花ふさ皮ふ科で働くのが夢だった」という人はいないはずです。それなのに、1日の大半の時間を使って当院のために働いてくれて、私の夢が毎日前進するのを手伝ってくれている。感謝してもしきれません。

だからこそ、スタッフが実現したいことがあれば、できるだけ叶えるようにしています。2023年1月にオープンしたエステサロン「hanafusa skincare lab⁺」も、スタッフの「やってみたい」という声から動き出した事業です。ほかにもメーカーと共同で、当院オリジナル化粧品の開発が進んでいます。

私自身、エステサロンや化粧品開発はビジネスとして興味はありますが、昔からの夢だったわけではありません。しかし、心の底から「やりたい」と思うスタッフに任せて成功することができたなら、そのスタッフはそれ以外の業務で少し大変なことがあっても、きっと乗り越えてくれるはずです。軌道に乗れば、クリニックの大きな強みになることは間違いありません。当院をスタッフ全員の夢を叶えられる職場にしていきたいと思います。

スタッフに感動体験を

最近、意識しているのは、スタッフにひとつでも多くの思い出をつくってほしいということです。

自分の勤務医時代を振り返ると、国際学会で多くの外国人を前に英語で発表をしたときの緊張感や達成感、壇上からの光景、発表後に飲んだビールの美味しさ、夜遅くに一緒に研究していた指導医と交わした何気ない会話など、診療とは関係のない出来事を思い出します。

せっかく縁があって当院で働いてくれているスタッフに、少しでも感動してもらえるような体験をしてほしいと考え、ちょっとした演出をすることもあります。

２０２１年12月に分院がオープンした際、その立ち上げにとても頑張ってくれたスタッフへのサプライズとして、事前に彼女のお母さんとやりとりをして娘への手紙を書いてもらい、分院のオープン日に分院長にその手紙を読み上げてもらったことがあります。サプライズをされた本人だけでなく周りのスタッフたちも感動の涙を流し、すごくいい雰囲気の中で分院をスタートさせることができたようです。おそらく、この日のことは彼女の心にずっと残るのではないかと思っています。

毎月、給与明細を渡すときは、直筆のちょっとした手紙を添え、感謝を伝えるようにしています。１日も休まず頑張ってくれた人には、「いつも元気で助かっています」と書いたり、いつもニコニコ笑顔で働いてくれる人には「〇〇さんの笑っている顔にみんな癒されています」と添えるなど、簡単な言葉ではありますが、スタッフ50人一人ひとりの顔を思い浮かべながら感謝の思いを綴っています。

実は開業して経営の勉強をし始めた頃、セミナーで「感動体験がクリニックの成長につながる」という話を聞いていました。しかし、そのときは正直、「そんなことより、スタッフは給料や勤務時間などの条件面をよくしてほしいのでは？」と聞き流してしまっていたのですが、私自身、患者さんやスタッフから手紙をもらったり、ちょっとしたサプライズ

開業4周年ではスタッフがサプライズムービーでお祝いしてくれて、思わず号泣

をされたりすると、とてもうれしく思います。みんなで感動を味わう経験は得難いものであると実感しています。大量離職の裏に常勤医師による引き抜き工作があったとわかった2021年9月には、私はスタッフの前で1週間ほど、毎日悔しくて泣いてしまっていたことがあります。そのあと、2021年11月には開院4周年をむかえました。そのときにスタッフがサプライズムービーを作ってくれていました。私は本当にうれしくて号泣してしまいました。もちろん、悔し涙でなくうれし涙です。

普段は診療で忙しく、なかなかスタッフと向き合う時間が取れないからこそ、自分の思いを伝えられるときにはできるだけ感謝の気持ちを表現していこうと思っています。

関係性がよくなると アイデアはカタチになりやすい

スタッフにはできるだけやりたいことをやってほしいと思っています。そのため、アイデアは可能な限りカタチにしてもらうようにしています。

たとえば、「医療脱毛10%引きキャンペーンをしたい」などの提案があれば、すぐにOKを出しています。もちろん、最終的に売り上げがどうなったかというKPI（Key Performance Indicator：重要業績評価指標）は提出してもらいますが、自由な値決めはハイブリッド経営の醍醐味でもあり、スタッフの裁量に任せることで成長につながればと思っています。

スタッフが主体となってオリジナルのうちわを作ってくれたこともありました。コロナ対策として夏場も窓を開けて換気をしていたので、待合室が暑く、対策を考えていました。「うちわでも作ったら?」と提案したところ、「作ってみたい!」と同意してくれるスタッフがいて、すぐに見積もりを取って、当院のロゴマークを入れたオリジナルのうちわを業者に発注してくれました。でき上がったうちわが届いたときのスタッフのうれしそうな顔がとても印象的でした。

うちわによって暑さは軽減し、患者さんにうちわを持ち帰ってもらうことでクリニックの宣伝にもなり、とてもいいアイデアだったと思います。

おそらく、開業2~3年目の当院だったら、うちわひとつ作ることもできなかったと思います。私とスタッフの関係が悪かったため、私が提案しても「ただでさえ忙しいのに、なぜ院長の思いつきを私たちがやらなきゃいけないの」と反発されたはずです。

開業5周年を記念したイベント

私自身も大量離職前には、スタッフからの提案を頭ごなしに却下してしまったことがあり、いまだに後悔しています。職場の人間関係が良好になったからこそ、さまざまなアイデアを提案しやすく、カタチにすることができるのです。

2022年11月には開業5周年を記念して、地域のみなさまへ感謝を込めたイベントを開催しました。実は、このイベントを開催しようというアイデアにスタッフが賛同してくれるか不安な気持ちがあったのですが、ほぼ全員がノリノリで「やりましょう!」と言ってくれて心からうれしかったですね。「キッチンカーを呼びましょうよ」「ヨーヨー釣りはどうですか」とさまざまな提案をしてくれて、胸が熱くなるものがありました。

熱い思いを伝え、経営者としてのビジョンを見せる

過去を振り返り、反省点はいくつもありますが、そのひとつとして、ビジョンを語る機会が少なかったと感じています。

開業して数か月後、美容医療のためのレーザー機器を導入した際、あるスタッフから「ついに院長はお金儲けに走るんですか？」と言われたことがありました。

もちろん、経営的な面も考慮したうえで美容医療にも手を広げたわけですが、決してそ

れだけではなく、皮膚のことで悩む患者さんをひとりでも多く救いたいという思いがありました。しかし、私が言語化する努力をしなかったために、その思いがスタッフに伝わらなかったのです。

最近では、朝礼で定期的に「一般皮膚科と同じように美容皮膚科でもエビデンスのある的確な治療を行っていきたい」「丁寧な診療で社会貢献をしていきたい」と伝えるようにしています。

新しい事業を始めたり、新たな人材を採用したりする際も、「スタッフがやりたいことを叶えられる夢のある医療法人を目指している。しかし、ぼくひとりでは限界がある。だから、うちのクリニックの姿に共感してくれるスタッフを採用することで、さらにいい組織にしていきたい」と言語化し、全員が同じ目線で成長できるように努力しています。

大学の非常勤講師として教鞭をとる

2021年からは近畿大学医学部皮膚科で非常勤講師もしています。

私が大阪大学で研究をしていたときに当時京都大学で研究されていた大塚篤司先生（近畿大学医学部皮膚科学教室・主任教授）とは、カンファレンスや国際学会などで切磋琢磨させていただいていました。最近になって教授に就任された大塚先生と話す機会があって、近畿大学皮膚科の非常勤講師にならないかと声をかけていただき、喜んでお受けしました。もともと人に教えるのは好きですし、学生の講義など若い方の教育に携われることに開業医とは別のやりがいを感じます。

大学病院で勤務しているときは、当たり前のように最新の薬剤情報や治療情報を得ることができましたが、開業すると新しい情報を得るのが難しくなります。自分なりに努力はしていたつもりでしたが、大学に行かせていただくことで諸先輩の先生方に大学病院での最新の治療について教えを請うことができるのはありがたいことです。

また、若い先生が何を考えているのかを知ることもできて、自分が時代遅れの治療をしていないかも確認できます。

近畿大学だけでなく、母校の大阪大学のカンファレンスにも参加させていただくことがあります。今後も、常に情報をアップデートして、患者さんやスタッフに知識を還元できるよう努めていきたいと思っています。

スタッフに惚れられる経営者に

スタッフ５人でスタートした当院は開業５年で、分院と合わせて50人のスタッフを抱えるまでに成長しました。

人をたくさん雇えば、その数だけ問題が起こり、苦しみも増えます。私の白髪も増えました。コロナ禍では帯状疱疹になり、先日は円形脱毛症も発症しました。しかし、たくさんのスタッフが自分のクリニックでやりがいを持って働いてくれていると思うと、やはりうれしいですし、大きな可能性が広がっていると感じます。

スタッフの大量離職や引き抜きなどつらい経験もありましたが、保険診療だけでなく美容医療も行うようになり、スタッフの力を借りながら多くの思い出をつくることができています。

スタッフが50人いるということは、50人分の価値観があるということです。やりたいことや夢は人それぞれ違いますが、当院で一人ひとりの夢を叶えることができたなら、とても素晴らしいことだと思います。

「大将というものは敬われているようで　その実　家来に絶えず落ち度を探られているものだ」。ではどうすればよいのかというと「己に惚れさせることだ」と。

これは経営者としての身の振り方に悩んでいた時期に受けた経営セミナーで触れて、感銘を受けた言葉です。徳川家康の言葉だとされています。

経営者が何も努力をしなければスタッフは離れていくものです。スタッフ一人ひとりに惚れてもらえるよう、自分自身の成長を止めることなく、走り続けたいと思っています。

6

見た目は人生の一部、だからこそベストな治療で期待に応える

感謝の言葉が仕事のモチベーションに

皮膚科医として仕事をする中でさまざまな患者さんに出会ってきました。特に、美容医療を行うようになってからは感謝の言葉をいただくことが多くなって、「こんなに喜んでくれるんだ」とうれしくなります。

患者さんの中には、当院の評判を聞きつけ、他県など遠方からおいでになる方もたくさんいらっしゃいます。そして信頼して通ってくださる患者さんと出会うたびに、皮膚科医の道を選び、開業してよかったと心から思いますし、仕事のモチベーションにつながっています。

本章では、これまで治療させていただいた当院の患者さんのうち、心に残った症例のエピソードを紹介します。

「学校へ行くのが楽しくなった！」と笑顔が増えた女子学生

皮膚の疾患やトラブルは、痛い、かゆいといった感覚のつらさだけではありません。見た目に現れてしまうことによる精神的なストレスも特徴です。おそらく、食べ過ぎて太ってしまったり、肌の調子がよくなかったりして、人に会うのが億劫になった経験がある人は多いと思います。特に思春期の学生がアトピーやニキビで悩まされると、それが原因で学校に行くのが嫌になってしまうのは想像に難くありません。

その女子高生が母親に連れられて初めてクリニックを訪れたときは、重度のアトピー性皮膚炎で顔全体が真っ赤になっていました。診察をしたところ、「人に会いたくない。学校に行きたくない」と泣いてしまいました。私は、その涙を見ているのがつらく、症状がよくなるようにできる限りのことをしようと治療を開始しました。

初めて訪れてくれた日から4年が経ち、当時、高校生だった彼女は大学生になりました。シクロスポリンやデュピルマブなどの最新の治療を駆使し、症状はすっかり改善し、塗り薬だけでコントロールできる程度にまでよくなりました。

世間話をしていて「大学はどう？　楽しい？」と聞いたところ、「すごく楽しい！」と笑顔を見せてくれました。「学校に行きたくない」と泣いていた4年前を思い出し、目頭が熱くなりました。

何年間も悩まされていたアトピー性皮膚炎が改善

アトピー性皮膚炎に関しては、近年いろいろな治療法が開発されており、当院でも特に力を入れている治療のひとつです。

先日も、30代の男性の患者さんが当院に通うことで症状が改善し、「もっと早くこのクリニックに来ればよかった。前のクリニックの先生は皮膚の状態も診てくれずに毎回同じ薬をもらうだけ。ぼくは数年間いったい何をやっていたんだろう」と診療中に涙を流されたことがありました。

何年間も悩まされていたというこの男性は、おそらく、アトピー性皮膚炎を患っていることによって、我慢したりつらい思いをした経験があったのでしょう。症状の改善に貢献できてよかったですし、これからもひとりでも多くの患者さんを救っていかなければと皮膚科医としての使命を感じました。見た目の変化は心に大きな影響を及ぼすことをあらためて実感した症例です。

医者仲間からはときどき、「美容医療のほうが儲かるのなら、それ一本にすればいいのに、どうしてまだ保険診療を続けているの?」と聞かれることがあります。

たしかに、売り上げの数字だけを考えれば美容医療に絞ったほうがいいかもしれません。

しかし、保険診療のニーズをないがしろにするわけにはいきませんし、アトピーやニキビの患者さんが保険診療で改善する姿を見ることは大きな喜びです。

私の評判を聞きつけ、わざわざ遠方から足を運んでくださる患者さんの多くは重症の患者さんであり、そんな方たちの期待に応えるためにも、保険診療と美容医療の両方を提案できることはハイブリッド皮膚科医になってよかったと思える瞬間です。全力で診療にあたっていきたいと思っています。

見た目が美しくなることに年齢は関係ない

美容皮膚科の診療を始めて実感したのは、人はいくつになってもきれいになるのがうれしいということです。

先日、80代の女性が美容医療のシミ取り治療にいらっしゃいました。聞けば、60代の娘さんに「花ふさ皮ふ科は保険診療の評判がいいから信頼できる」とすすめられたそうです。その患者さんは、美容医療専門のクリニックは患者さんの年齢層が若いため行きにくく、保険診療も扱っているクリニックなら年齢層の幅も広いだろうし、安心できたと言います。シミ取りレーザーで治療をしたところ「シミが取れて、うれしい〜！」と、少女のように大変喜んでくださり、「10年前に来ればよかった！」と笑顔を見せてくれました。

70代の女性が赤ら顔改善のためにレーザー治療を受けに来てくださったこともありました。赤ら顔のレーザー治療を行っているクリニックはたくさんありますが、わざわざ車で1時間以上かけて、5〜6回通ってくださいました。

結果には大変満足してくださり、「これまでは少しお酒を飲んだだけで顔が真っ赤になって恥ずかしかったけれど、これからは大好きなお酒がもっと楽しめる」とうれしそうに帰宅されました。

別の日には80代の男性経営者がシミとイボを取りにいらっしゃいました。この患者さんも、私が保険診療を行っていて一般皮膚科の知識があることに信頼を寄せてくださった方です。

イボは保険診療の液体窒素による「いぼ等冷凍凝固法」でも取れますが、炎症後色素沈着といってシミが残る場合が多いです。そこで保険診療と美容医療の違いを説明して、どちらがいいかを尋ねたところ、「お金はいくらかかってもいいから、とにかくきれいに取りたい」ということだったので、美容医療として、炭酸ガスレーザーで蒸散させました。「ぼくもまだまだ経営者として人前に立つことがあるし、きれいにイボが取れてうれしい。まだまだ若い者には負けられないしね」ととても感激してくださいました。

男女を問わず、シミやイボを取りたいと願う高齢の患者さんは多く、10〜20年も悩んで当院にたどり着いたという方もいます。たしかに80歳を超えた人のシミは、消しゴムで消したように跡形なく取ることは難しいこともありますが、施術をすると、薄くなり、とても喜んでもらえます。

若者ならいざ知らず、高齢者のシミを取ることに何の意味があるのかと、昔の私なら思っていたのでしょうが、「これで毎日が楽しくなる」と笑顔で語る姿を見て、私もうれしくなりました。まさに、見た目は人生の一部であり、皮膚科医としてのやりがいを感じる瞬間です。

アトピー性皮膚炎だと医療脱毛ができない？

美容専門クリニックでは、アトピー性皮膚炎の患者さんの医療脱毛を断るケースがあるそうです。レーザー照射により、湿疹が悪化する可能性があったり、火傷のリスクが高かったりするからです。しかし、症状にもよりますが、アトピー性皮膚炎の方にこそ、医療脱毛はおすすめです。脱毛することで日々のひげ剃りやムダ毛の処理が不要になり、カミソリやシェーバーによる肌への刺激がなくなることで、アトピーの症状が軽減するからです。

たしかに湿疹が悪化したり火傷をしたりするリスクはゼロではありませんが、アトピーの症状に合わせた適切な処置やレーザー機器の出力の調整、丁寧なアフターケアをすることで、リスクを軽減することができます。

万が一、施術後にトラブルがあった場合でも、皮膚科専門医の知識があれば、事後の対応が可能です。私は、一定のリスクがあることを患者さんにしっかりと説明し、患者さんと信頼関係を築いてから施術するようにしています。

当院には、アトピーを理由に医療脱毛を断わられた、他院のレーザー治療で火傷を負って一般皮膚科の受診をすすめられたといった方がたくさん訪れます。そうした患者さんからは、「いろいろなところで断られたけれど、花房先生に診てもらえてよかった」ととても感謝されます。これも皮膚科専門医としての知識や経験が活かせるハイブリッド皮膚科だからこその事例だと言えます。

「保険診療も行っているからこそ信頼できる」

「不必要な高額の治療を提案されることなく、自分に必要な適切な治療だけを行ってくれる」

このような考えから、ハイブリッド皮膚科を選んでくださる患者さんに出会うと、「圧倒的に丁寧な皮膚科診療・美容皮膚科診療を通じて、日本社会に貢献する」という当院のミッションを実現できているようでうれしくなります。

アトピーや毛深さに悩んだ自分の経験を治療に活かしたい

私は、子どもの頃から自分自身がアトピー性皮膚炎、慢性じんましん、花粉症を患ってきました。高校生の頃は、大学受験の過度なストレスから、重度のアトピー性皮膚炎を患っていて、見た目やかゆみなどで大変悩みましたし、勤務医時代も、当直が続いたときや学会発表前など、疲労やストレスがたまると、すぐに湿疹やかゆみがぶり返しました。

このような経験から、薬疹やアトピー性皮膚炎などのアレルギーや免疫の関与する皮膚疾患について、検査・治療薬の開発・研究に取り組んできたのです。いまも新しい治療法の勉強を欠かさず、治験などにも積極的に協力しながら最先端の治療を取り入れるようにしています。

また、私自身がひげなどの体毛が濃く、子どもの頃から体毛の薄い友人を羨ましいと思っていました。体毛が薄い人からすると「男性の毛深さなんて大した悩みではないのでは」と思われるかもしれません。しかし、ひげが濃いと、朝シェービングをしても夕方になるとうっすら生えてきて、デートの前、夜の講演の前にはもう一度ひげ剃りをするなど、1日2回ひげ剃りをすることもありました。そのせいもあって、アトピーの肌荒れが酷く、悩まされました。

いまでは自分自身も医療脱毛を行い、長年のそんな悩みから解放されました。自由診療のメニューとして一番最初に医療脱毛を取り入れたのは、毛深さに悩んだ私自身の経験が理由のひとつです。

これからも、皮膚のことで悩む患者さんの気持ちに寄り添い、共感することを心がけて診療を行っていきたいと思います。

7

【特別対談】

医師から見たハイブリッド皮膚科の魅力

千里中央花ふさ皮ふ科院長 花房崇明

×

江坂駅前花ふさ皮ふ科院長 大村玲奈

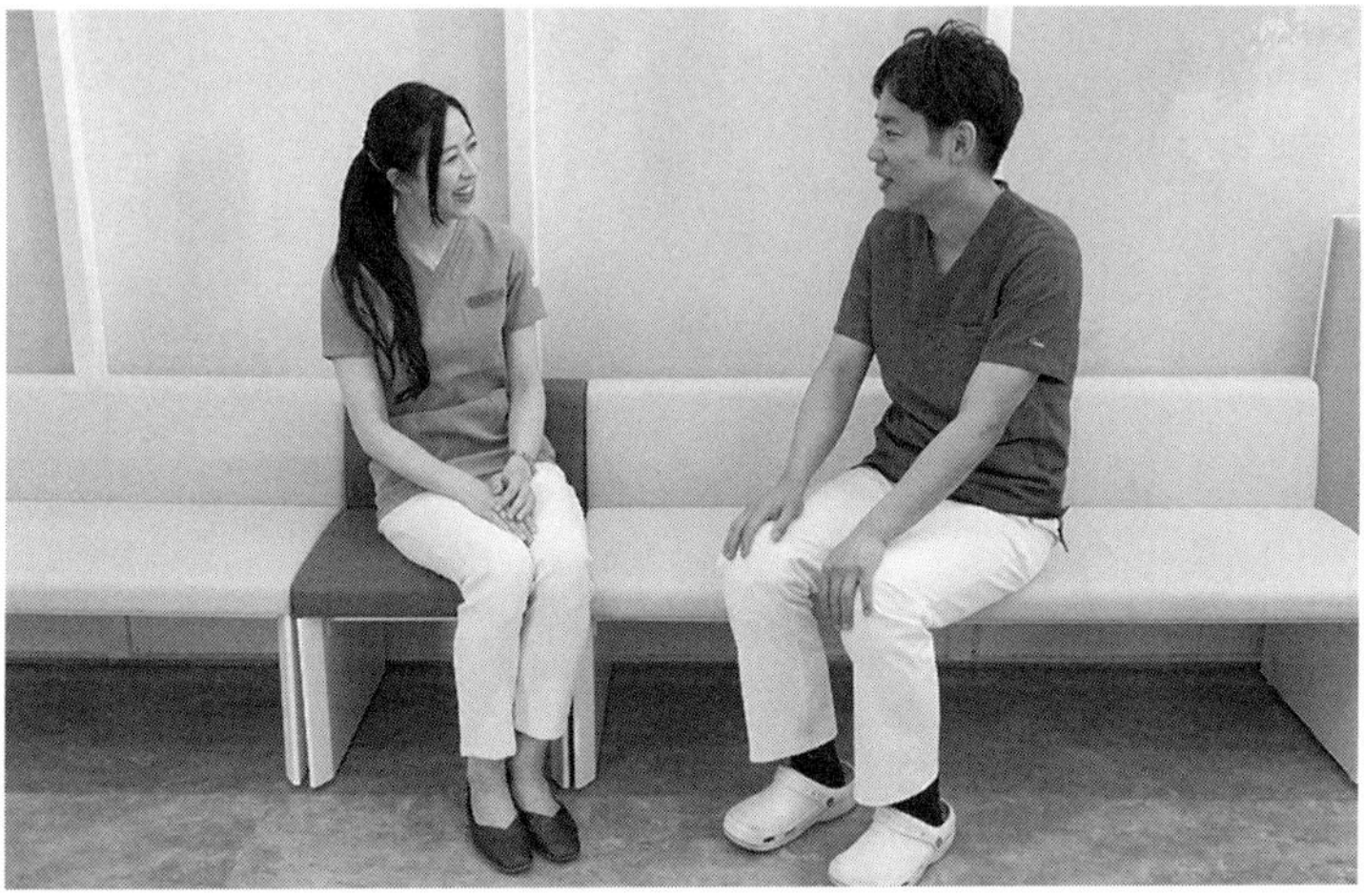

千里中央花ふさ皮ふ科は2021年12月、大阪メトロ御堂筋線と北大阪急行南北線の共同使用駅である江坂駅前に分院として「江坂駅前花ふさ皮ふ科」をオープンしました。分院の院長を務める大村玲奈先生と、ハイブリッド皮膚科の魅力や今後の展望について意見を交わしました。

大村玲奈（おおむら・れいな）
日本皮膚科学会皮膚科専門医、日本アレルギー学会会員、日本美容皮膚科学会会員。
2012年徳島大学医学部医学科卒業。淀川キリスト教病院初期研修、大阪市立大学医学部附属病院皮膚科、大阪回生病院皮膚科、大阪市立大学医学部附属病院助教、大阪府下の皮膚科クリニック・美容皮膚科クリニック勤務を経て、2021年江坂駅前花ふさ皮ふ科院長就任。
趣味は愛犬とゴロゴロすること。

保険と美容の両方を提供できるクリニックを探していた

花房：大村先生はもともと、大学病院や市中病院で勤務しながら、非常勤として美容皮膚科で働いていたんですよね。

大村：はい。市中病院は保険診療だけなので、ニキビ跡やシミ取りなどはニーズが高くてもできなかったのです。ほかの病院を紹介してほしいと言われても、どこが信頼できるのかもわかりません。非常にモヤモヤした思いを抱えながら診療をしていました。

一方、美容医療には興味があったので、美容皮膚科クリニックで非常勤で経験を積んでいました。ただ、クリニックの方針として売り上げを上げることを期待されていたので、保険で治療をしたほうがいい場合でも提案することができず、違和感を覚えていました。

花房：美容医療に興味を持ったきっかけは？

大村：自分自身が子どもの頃からアトピーやニキビ、ＡＤＭ（後天性真皮メラノサイトーシス）というアザに悩まされていて、どうしたらきれいな肌になるんだろうという興味がありました。ただ、美容の道に進む場合も皮膚の構造や皮膚の病気の知識を知っておいたほうがいいと思い、まずは一般皮膚科から学び始めたんです。

学んでいくうちに、「なぜこの治療を行うと肌がきれいになるのか」という美容皮膚科の理論もわかるようになり、徐々に保険診療も美容医療も両方行っていきたいと考えるようになりました。

花房：大村先生とは出身大学も医局も違うし、勤務していた病院が同じになることもなくて、もともと接点はありませんでした。大村先生が、うちのクリニックを知ったきっかけを教えてください。

大村：保険診療で対応できるところは保険診療をして、それ以外は美容医療で治療してい

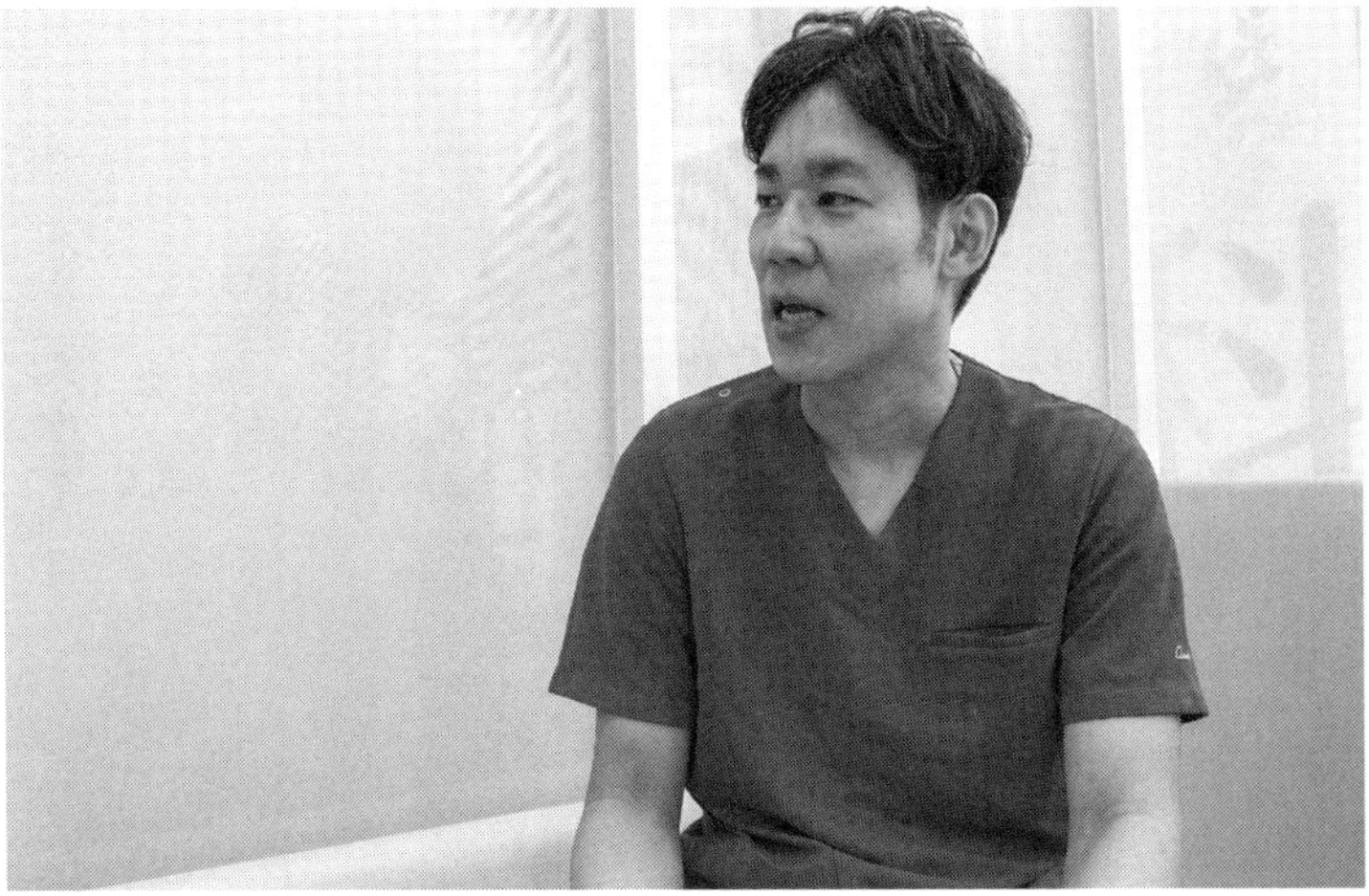

きたいと考えていたものの、なかなかそういった方針のクリニックに出会うことはありませんでした。保険診療と美容医療の両方を行っていたとしても、どちらかに比重が偏っている場合が多かったのです。

そんなとき、ある求人雑誌のインタビューで花房先生が開業時のビジョンなどを語っているのを拝見したんです。一般皮膚科の経験が長く、さらに保険診療も美容医療も丁寧に行っている印象があり、一度お会いしたいと思い電話をしました。

花房：ある日、診療をしていたら突然、「院長、〇〇クリニックの大村先生という方からお電話です」とスタッフに言われました。何歳くらいの先生か、性別もわからず、「誰やねん、診療中にいきなり電話をしてくるって、変わった先生やなぁ」と思いました（笑）。

大村：ホームページに、「まずは院長まで気軽にお電話を」と書いてあったんですよ！（笑）

花房：そうだったっけ？　うちは当時から、保険診療をベースに、美容医療もやってくださるドクターがほしいと思っていたので、ホームページに求人を出していました。保険診療と美容医療のどちらにも対応することで、患者満足度を上げて地域貢献していきたいという思いがあったものの、患者さんの数が増え、私ひとりで両方を行うには限界がありました。そこで、当院の理念に共感してくださるドクターに仲間になっていただき、クリニックを成長させていきたいと思っていたんです。

そんなときに大村先生から連絡をいただいたので、まずは見学に来てもらうことにしました。

丁寧な診療スタイルに信頼感が持てた

花房：こんなことを言うと怒られてしまうかもしれませんが、自分自身の経験上、「女医さん」というと気難しいタイプの方も多かったので、実際にお会いした大村先生がとても柔らかそうないい先生で安心したことを覚えています（笑）。

大村：私はクリニックを見学して、「ここで働きたい」と強く思いました。診察室には患者さんに説明するため、症状一つひとつの特徴と治療法について詳しく解説した用紙がずらりと並んでいました。しかも、すべて花房先生の手づくりで、とてもわかりやすくまとめてあったのです。

以前から同じようなことを私もやりたいと思っていたものの、資料を作るだけでもかなりの時間がかかるため、実現できていませんでした。多忙な中で私がやりたかったことができていることに深く感動し、「この先生は信頼できる」と確信しまし

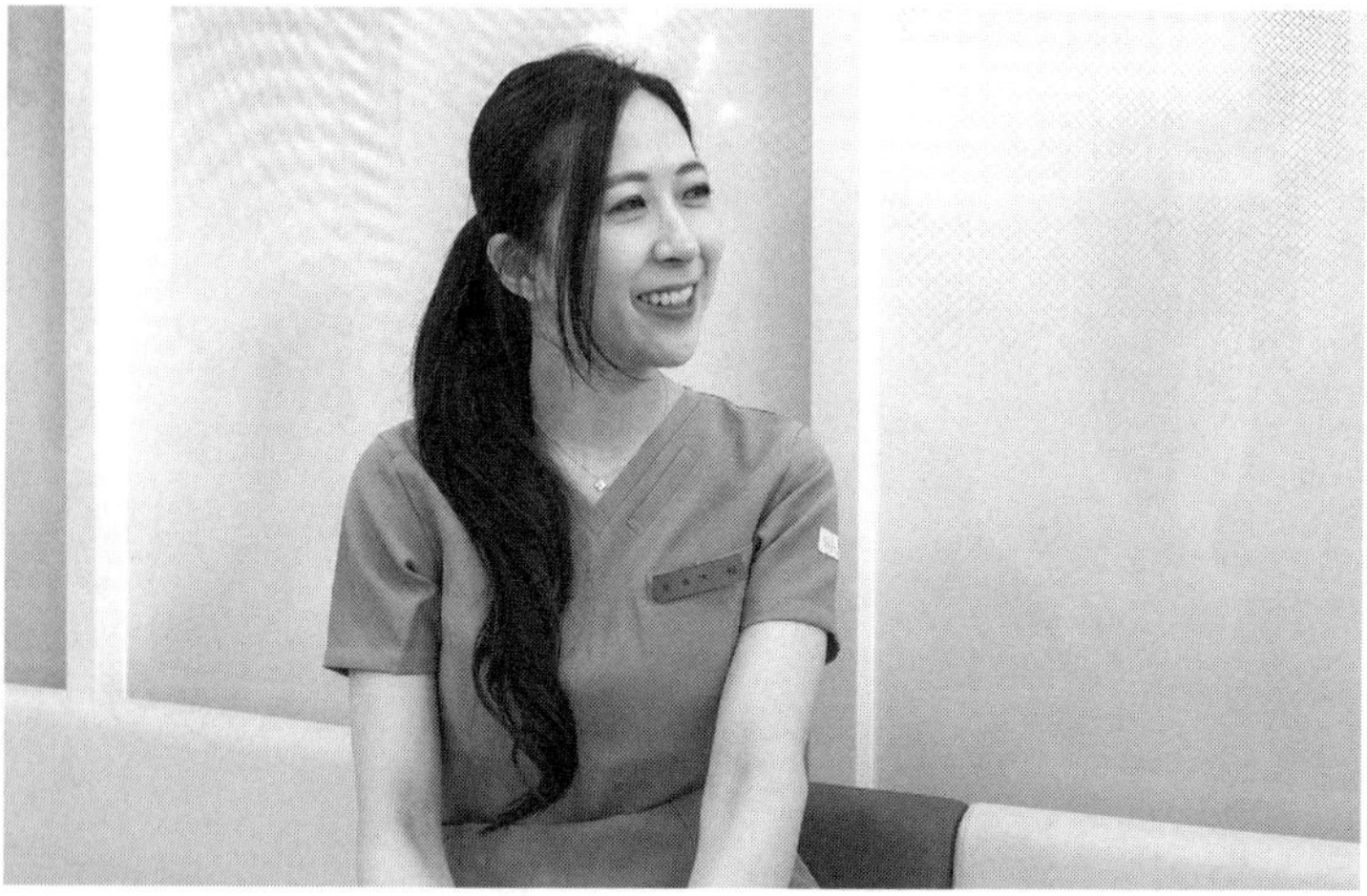

た。

花房：患者さんは、診察中に聞きたいことを聞けないケースが多いと思うんです。帰宅して「そういえば具体的にどういう症状で、今後どのように治療していくんだっけ？」と思ったときにすぐに見返すことができるよう、夜な夜な作成しました。

診察方法にもこだわっています。最初にスタッフが予診をしたあと私が診察するのですが、医者とは別に医療事務のスタッフが診療の内容を電子カルテに入力するのをサポートしてくれるので、私は患者さんの目を見ながらしっかりと話をすることができます。

さらに、症状を説明するためのプリントも渡すので、患者さんは安心感を抱きます。なかなかここまで丁寧に保険診療を行っているクリニックは少ないと思います。

ハイブリッドなら患者さんのどんな悩みにも対応できる

花房：経営的な視点で申し上げると、当院のように人件費やプリント代などにリソースを割くと、患者さんからいただくお金が診療報酬で決まっている保険診療では、「アトピーの患者さんの初診は1人○○円でやりなさい」と国から決められているので、経費が増える分、クリニックの利益が下がってしまうわけです。利益を上げることと、丁寧な診療を行うことを両立させるためにどうすればいいかを考えた結果、保険診療とは別に美容医療で売り上げを立てるスタイルにたどり着きました。美容医療で売り上げ、利益を保険診療にシェアすることで、保険診療もきめ細かな対応が可能になります。

大村：いままでは分院長として経営的な視点も身に付きましたが、もともと私は勤務医だったので、最初は花房先生がおっしゃる「ハイブリッドの経営的なメリット」を意識したことはありませんでした。それよりも、「保険診療・美容医療それぞれのメリットを活かし、患者さんのどんな悩みにも対応したい」「丁寧に診療をしたい」という私の理想の診療スタイルを体現されている点に惹かれました。

花房：大村先生は分院開業前の2021年4月から非常勤として本院に来ていただいたわけですが、実際にハイブリッド皮膚科で働いてみて、どうでしたか？

大村：保険診療の範囲で対処できるものは保険診療をご提案できますし、美容医療で治療したいという患者さんには保険診療・美容医療に関係なく最適な治療法をご案内できます。保険のみ・美容のみのクリニックの場合は、ほかのクリニックをご紹介するしかないことがあったので、すべてをひとつのクリニックで完結できることにメリットを感じました。

患者さん一人ひとりに丁寧に向き合いながら、ベストな治療法を提供できるという点で、理想の医療を行えていると思います。

また個人的には、これまでは保険診療のみの市中病院で働きつつ非常勤として美容皮膚科で学んでいたため、花ふさ皮ふ科だけで保険診療も美容医療も勉強できるのはとてもありがたいですね。

いつも新たなチャレンジを続けていたい

大村：分院の経営面の話をすると、開院当初、美容医療は日によって患者さんの来院人数に波があり、売り上げが立たない日もありました。一方、保険診療は立ち上がりから患者さんに安定して受診していただいて、売り上げの予測が立つので、その点は保険診療に助けられている部分もありますね。

花房：美容医療はいわゆる「水物商売」で、昨日と今日で売り上げに3倍の差があったりすることもありますよね。景気の波にも左右されやすく、その点、ハイブリッド皮膚科なら保険診療という安定収入があるから安心です。

あとはやはり医者として、保険診療を行って症状が改善して笑顔になっていく患者さんの姿は励みになります。ハイブリッドにしたことによって、回転率や売り上げのことをそれほど考えることなく、純粋な気持ちで医療を続けられています。

大村先生のようなうちの理念に共感してくれる先生が来てくださったことは本当にラッキーでした。分院については以前から考えていて、やってみたいことのひとつではあったんです。物件を探していたところ、コロナ禍で普段なら空いていない駅近の物件が市場にたくさん出ていて、「チャンスかもしれない」と思いました。ただ、コロナ禍での分院オープンはリスクもあったため、医者仲間からは心配の声もありました。

そこでスタッフに意見を聞いてみたところ、とても協力的で、「クリニックの立ち上げを経験してみたかった！」と言ってくれました。大村先生に分院長に興味がないか聞いてみると前向きな返事をくださったので、開業を決意しました。

大村：はじめに見たホームページの医師募集の欄に、分院を考えていると書かれていたため、いつかはやってみたいという気持ちがありました。ただ、２０２１年4月から非常勤で働き始め、10月から常勤、そして、まさか12月で分院長になるとは思っていませんでした。そのスピード感こそ、経営者なのだと驚きました。

花房：ライバルは昨日の自分と思っています。ここを改善すれば、このクリニックはもっとよくなると毎日改善点を探しています。また、性格的に常に新しいことに取り組みたいんですよね。海外では使われているのに、日本ではまだ使われていない新薬があれば積極的に導入したいですし、最新式のレーザー機器が発売されれば試してみたくなります。エビデンスが確かなものは、これからも積極的に取り入れていくつもりです。

専門医がハイブリッド皮膚科を経営する意義は大きい

花房：大村先生のようにうちの理念に共感してくださる先生がもっと増えれば、チームを組んで共に切磋琢磨しながらクリニックを成長させていけると思うので、いまはそのためにドクターの採用に力を入れています。

人はどういうクリニックに患者さんとして通院したくなるか、従業員として働きたくなるかというと、スタッフが楽しそうに働いていることが一番だと思うんです。うちでは、スタッフが意見を出しやすく、アイデアをカタチにできる職場を目指しています。

たとえば、いまはスタッフ主導でエステサロンや化粧品開発を進めているところです。スタッフが夢を持ってワクワク働くクリニックは患者さんにとっても安心できるクリニックだと思いますし、患者さんに満足いただけるということは地域や社会貢献にもつながります。

大村：社会貢献という点で言えば、一般皮膚科を学んだ医師が美容皮膚科を診療するということには大きな意味があると思います。

美容医療を行ってお肌のトラブルが起きたとき、それがもともと持っていた病気からの症状なのか、それとも美容施術が原因なのかというのは判断が難しい部分があります。やはり、皮膚科や形成外科の勉強をして、皮膚の構造を理解したうえで美容医療を行わないと、患者さんにリスクを負わせてしまうことがあります。

花房：本書でも申し上げていますが、うちにも、他院やエステサロンで火傷を負ってしまった患者さんがたくさん訪れます。保険診療も美容医療も診ることができる医者なら、美容医療でトラブルが起きたとしても、ほかのクリニックへ回すことなく自分たちで適切に対処できます。

皮膚の構造を理解したうえでレーザーを当てる深さや強さを調節できるので、高い効果を出すこともできます。

大村：日本美容皮膚科学会でも、今後は、皮膚科専門医もしくは形成外科専門医の資格取得を入会の条件に加えようという動きがあるそうです。

花房：皮膚科専門医を取得されている方全員が美容医療に興味があるわけではなく、一般皮膚科をメインに診療していきたいという先生もたくさんいらっしゃると思います。

ただ、もし美容医療に少しでも興味があるのであれば、ハイブリッド皮膚科で働くという選択肢をぜひ加えていただきたいですね。

皮膚科医は最高に楽しい！

花房：この本の読者の中には、これから専門医として進路を決めようとしている学生や研修医の先生もいるかと思います。そういった方に向けて、何かアドバイスできることはありますか。

大村：皮膚科医はキャリアの可能性が無限に広がっているということですね。私はもともと外科に興味があったのですが、外科の場合は年齢を重ねて老眼が進むと手術をするのが難しくなってしまいます。また、キャリアとしても妊娠や出産・子育てを経てもとの職場に復帰するのが難しいという側面もあります。

皮膚科であれば、内科と外科手術の両方に携わることができますし、私のように美容医療にも挑戦できます。幅広い医療にかかわれるという点が皮膚科のよさだと思います。

花房：皮膚科がほかの診療科と違うのは、診断から治療、手術まですべて自分たちで完結できるという点です。

たとえば、胃の調子が悪く内科にかかった場合、最初に診察をするのは内科医ですが、細胞の検査をするとなれば診断は病理医に任せることになりますし、深いところでがんが見つかれば、外科医に手術をお願いすることになるなど、診断・治療・手術において細分化・専門化が進んでいます。

一方、皮膚の病気で細胞を診る場合、病理医と一緒に皮膚科医も顕微鏡をのぞいて診断しますし、手術も複雑なものは形成外科医にお任せしますが、皮膚科医が行うこともあります。診断から治療までワンストップで行える数少ない診療科かと思

います。

ひとりの患者さんの治療にしっかり向き合えるというのは、やりがいにつながります。患者さんとの信頼関係が深まり、感謝されることも少なくありません。

大村：皮膚科というと重篤な患者さんは診ないというイメージがあるかもしれませんが、中には生死にかかわる重症薬疹を診療したり、皮膚の症状から内臓の病気やがんなど重篤な疾患を見つけられることもあるため、気の抜けない診療科です。責任がある分、やりがいにもつながります。

花房：皮膚の症状は目に見えてわかるので研究しやすい分野でもあると思います。状態が見えるということは患者さんからの評価もシビアになりますが、症状が改善すると涙を流して喜んでくださることも少なくありません。

また、本書でも申し上げている通り、美容医療では日々新たな機器が開発され、いくら勉強しても飽きるということはありません。「日々最新の医療に触れ、知識をアップデートしながら働きたい」という前向きな先生には、ぜひ美容医療の道に興味を持っていただきたいと思います。

そして、ひとりでも多くの患者さんのため、日本社会のために、共に切磋琢磨できればうれしいです。

おわりに

ここまで本書を読んでくださり、ありがとうございました。

ハイブリッド皮膚科の経営について興味を持ってくださった方々に向けて、あらためて当院の診療理念、ミッション、ビジョン、バリューをお伝えいたします。

診療理念

患者さんに信頼され、スタッフがワクワク働き、クリニック自体が成長し、日本社会に貢献する、4方よしのクリニック

ミッション

圧倒的に丁寧な皮膚科診療・美容皮膚科診療を通じて、日本社会に貢献する

ビジョン（将来像・目指す姿）

皮膚科診療・美容皮膚科診療で日本一信頼されるクリニックグループ

バリュー（組織の共通の価値観）

1 素直に相手の話を聴きます
2 勇気を持って自分の意見を伝えます
3 謙虚な姿勢を忘れません
4 ありがとうの気持ち、感謝の気持ちを伝えます
5 笑顔で接します
6 相手の立場になって物事を考えます
7 お互いに信頼し、助け合います
8 あいさつや掃除など、基本的なことを徹底します
9 自発的に成長する意欲を持ち、自己研鑽に努めます
10 自分たちの仕事に誇りを持ちます

11　教育を通してお互いに成長します

12　皮膚科医療・美容医療に携わる者として、心と外見を美しくするように努めます

当院は、現在3院目の分院展開が決まり、より多くの仲間を必要とするフェーズに入りました。最後になりますが、千里中央花ふさ皮ふ科の診療理念、ミッション、ビジョン、バリューに共感してくださり、常勤医師・非常勤医師・看護師・看護助手・医療事務として私たちの仲間としての勤務を希望される方は

https://hanafusa-hifuka.com/recruit/

よりお問い合わせください。

「早く行きたければ、一人で進め。遠くまで行きたければ、みんなで進め」

私たちが皆で、大きな夢を叶えるために、あなたの力が必要です。

［著者略歴］

花房崇明（はなふさ・たかあき）

医学博士（大阪大学大学院）、日本皮膚科学会皮膚科専門医、日本アレルギー学会アレルギー専門医、日本抗加齢医学会専門医、難病指定医。

2004年大阪大学医学部医学科卒業。大阪府立急性期・総合医療センター初期研修（最優秀研修医賞受賞）、大阪大学医学部附属病院皮膚科後期研修、東京都立墨東病院皮膚科医員、大阪大学大学院医学系研究科皮膚科学博士課程修了（医学博士取得）、大阪大学大学院医学系研究科皮膚科学特任助教、カリフォルニア大学サンフランシスコ校日本海外学術振興会海外特別研究員留学、JCHO大阪病院皮膚科医長、東京医科歯科大学皮膚科講師・外来医長／病棟医長を経て、2017年千里中央花ふさ皮ふ科開院。2019年医療法人佑諒会理事長就任。2021年より近畿大学医学部皮膚科非常勤講師兼任。2021年分院として江坂駅前花ふさ皮ふ科開院。2023年フェイシャルエステサロンhanafusa skincare lab⁺をプロデュース。

英語論文、国内学会・国際学会での発表、メディア出演、掲載多数。

●千里中央花ふさ皮ふ科ホームページ　https://hanafusa-hifuka.com/

ハイブリッド皮膚科《ひふか》

2023年4月1日　　初版発行

著　者　　花房崇明

発行者　　小早川幸一郎

発　行　　株式会社クロスメディア・パブリッシング
〒151-0051 東京都渋谷区千駄ヶ谷4-20-3 東栄神宮外苑ビル
https://www.cm-publishing.co.jp
◎本の内容に関するお問い合わせ先：TEL(03)5413-3140／FAX(03)5413-3141

発　売　　株式会社インプレス
〒101-0051 東京都千代田区神田神保町一丁目105番地
◎乱丁本・落丁本などのお問い合わせ先：FAX(03)6837-5023
service@impress.co.jp
※古書店で購入されたものについてはお取り替えできません

印刷・製本　　株式会社シナノ

　ISBN978-4-295-40813-0　C2034